# 인권을
# 말해야
# 할 때

# 인권을 말해야 할 때

기초부터 심화까지 제대로 공부하는 '인권'

기획
인권연대

글
전진성, 오창익, 김종대
김비환, 박홍규, 이재승

철수와영희

머리말

# 인권이 쓸모 있게 되려면

좋은 책을 만나게 되었습니다. 전진성, 김종대, 김비환, 박홍규, 이재승 선생님을 한 권의 책으로 만나다니, 이 책을 읽으면서도 믿기지 않을 정도로 신나는 일이었습니다. 『인권을 말해야 할 때』는 인권의 기초부터 심화까지 한꺼번에 제대로 공부할 수 있는 책입니다. 인권이 누구의 권리인지, 어디서부터 어디까지가 인권인지 등 기초부터 좀 더 깊이 들어가는 인권 사상까지를 한 권에 담았습니다.

소수자, 약자에 관심이 많은 전진성 부산교육대학교 교수님은 인간의 지평을 넓히기 위해, 인권을 쓸모 있게 만들기 위해 인권의 개념을 확장하여야 한다고 강조합니다. 인권에는 사각지대가 없어야 한다는 것입니다. 세금을 내지 않고 시민권도 없지만, 우리와 함께 존재하는 이웃의 인권을 어떻게 보장할 것인지 고민하고 구체적인 질문도 던져야 한다는 겁니다.

저는 어쩌면 인류의 역사 자체가 인권의 역사일 수 있고, 측은지심이 인권의 기본이라고 생각했습니다. 나 자신은 물론, 우리 이웃들이 겪는 고통을 조금이라도 줄이기 위해 인권이 쓸모 있는 역할을 할 수 있다고 생각했습니다. 인권이 쓸모 있게 되려면, 인권이 필요한 사람들이 보다 적극적으로 목소리를 높이는 일이 절실하게 필요합니다.

평화 운동가가 더 어울릴 것 같은 김종대 선생님은 민주주의를 실질화시켜 평화를 지키자고 합니다. 평화를 원하면 전쟁을 준비할 게 아니라, 평화를 위협하는 요소를 관리 가능한 영역으로 바꾸고 인권과 민주주의를 회복해야 한다는 겁니다. 사람들의 연대와 협력이 평화라는 성취로 이어질 거라고 전망합니다. 평화를 위해 할 일이 적지 않다는 것을 알려줍니다.

정치학자 김비환 선생님은 인권 사상의 변모와 발전을 살펴주고 있습니다. 인권은 단순한 지적 관심의 대상에서 멈추지 않고, 실존적 요구여야 한다면서 인권이 실질화되기 위해서는 정서적 공감 능력을 활용하는 차원의 접근이 필요하답니다. 인권의 확립이 억압받은 민중들의 분노와 투쟁의 산물이었던 것처럼 인권을 느끼게 하는 감정이 우리를 연대하게 할 것입니다.

저술가로서 인권의 소중함을 일깨워 주었던 박홍규 선생님은 진정한 자유의 의미를 설명해줍니다. 대통령부터 자유를 거듭 강조하고 있지만, 역설적으로 언론의 자유조차 뒷걸음질 치는 현실이 어떻게 만들어졌는지를 설명하고 있습니다. 시장 자유주의 수준의 자유 인식을 벗어나, 최소한 존 스튜어트 밀이 『자유론』에서 말했던 19세기 수준의 자유라도 제대로 인식하는 게 중요하답니다. 왜냐면 한국에서는 19세기식 자유도 아직 뿌리내리지 못하고 있으니까요.

실천적 법학자인 이재승 선생님은 로베르토 웅거의 저작에 드러난 인권 사상을 알기 쉽게 설명해주고 있습니다. 인간이란 존재는 단 한 번밖에 살지 못하지만, 그렇기에 육화된 영, 구조를 초월하는 존재이기도 하답니다. 그래서 우리가 인간답게 살려면 각자 가진 잠재 능력을 실현하는 한편 우리를 억압하는 구조도 함께 바꿔나가야 합니다. 개인과 구조를 따로 생각하는 편향에서 벗어나 개인의 역량 강화를 함께 이뤄나가는 진보여야 한다는 것입니다.

모처럼 만난 좋은 책이 많은 사람을 만났으면 좋겠습니다. 이 책이 나올 때까지 고생한 저자분들과 철수와영희 관계자 등 모든 분께 감사드립니다.

오창익(인권연대 사무국장) 드림

# 차례

머리말 | 인권이 쓸모 있게 되려면 5

## 1. 인권의 발명 전진성 15

보편적 권리로서의 인권 16
근대 자연권의 등장 19
프랑스 혁명의 인권 선언 23
베스트팔렌 조약과 국가 주권 개념의 성립 27
주권자의 권리인가 보편적 권리인가 31
인권 개념의 확장: '국민'에서 '인간'으로 36
'보편적 인간'이라는 지평 41

## 2. 인권의 전망 오창익 51

일상에서 발견한 인권 52
불리한 사람에게 더 많은 지지를 58
고통받고 싶지 않은 마음들의 연대 66
종교에서 만난 인권 72
인권은 생명을 아낄 줄 아는 마음 76

## 3. 인권과 평화 김종대 87


오래된 상처, 우리 안의 침묵 88
전쟁을 보는 두 개의 관점 90
산업화가 불러온 대량 살육전 96
현대전의 양상 99
직접적 폭력에서 구조적 폭력으로 103
평화를 가져오는 민주주의 108
연대와 협력으로 여는 한반도 평화 114


## 4. 인권의 정치사상 김비환 121


인권을 바라보는 다양한 시선 121
인권 개념은 유용하고 바람직한가 126
상대적 가치로서의 인권 132
왜 자연권이 아닌 인권인가 137
자유주의 vs 공화주의 142
다양한 정치사상적 견해들 147
인권 체계 내의 우선순위 157

## 5. 인권 사상으로 읽는 인권의 역사 박홍규 165

자유 없는 한국의 '자유 민주주의' 166
존 스튜어트 밀의 세 가지 자유 169
'시장 신봉자' 밀턴 프리드먼의 선택할 자유 171
보수 언론이 유독 자유를 외치는 이유 175
국가는 왜 실패하는가 180

## 6. 웅거의 인권론과 민주주의 이재승 189

주목받는 로베르트 웅거의 저작 190
웅거의 스승과 제자들 193
웅거의 주류 학문 비판 197
웅거의 실험주의 204
법과 경제를 바꾸는 아이디어 209
구조를 초월하는 존재로서의 인간과 인권 216

# 인권

1

## 인권의 발명

전진성

## 전진성

독일 베를린 훔볼트대학교에서 역사학으로 박사학위를 받고, 지금은 부산교육대학교 사회교육과에서 학생들에게 역사와 서양 사상을 가르치고 있다. 역사의 이론적 원리와 20세기 독일 지성사 및 문화사를 연구해왔으며, 『역사가 기억을 말하다』, 『상상의 아테네, 베를린-도쿄-서울』 등 여러 권의 책을 집필했다.

# 인권

## 1. 인권의 발명

강

오늘 강연 주제가 ‘기초부터 심화까지 제대로 공부하는 인권’인데요. 저는 기초 편을 말씀드려야 할 것 같아요.

저는 대학에서 역사를 가르치고 있는데 주로 1학년 교양을 담당하고 있습니다. 그런데 학생들이 많이 알고는 있는데 기본적인 역사 인식이랄까 이런 부분들이 약하다는 생각이 들 때가 많습니다. 아무래도 입시 공부에 치중하느라 ‘역사란 무엇인가?’에 관한 기초적인 질문에 대해 고민할 기회가 적지 않았나 싶어요. 인권도 마찬가지입니다. 저는 인권을 이해할 때도 ‘기본’이 중요하다는 말씀을 드리고 싶어요.

## 보편적 권리로서의 인권

여러분은 '인권'이 뭐라고 생각합니까? 보통 인권의 뜻을 물으면 인간이 기본적으로 누려야 할 권리, 인간답게 살 권리라는 대답을 많이 합니다. 그렇다면 이러한 권리의 근거는 무엇일까요? 인권이 좋은 건 알겠는데 왜 인권을 보장해야 하는지는 꼭 집어서 말하기 어려운 측면이 있어요.

근거를 대라고 했을 때 우리가 내세울 수 있는 논리가 몇 가지 있습니다. 하나는 '천부인권'입니다. 인간의 권리를 하늘이 주었다는 뜻이죠. 하늘이 내린 권리이니 당연하게 받아들이라는 겁니다. 마치 중세 봉건제 시절에 왕은 하늘이 내린다는 논리와 비슷하죠.

인권을 인간으로서 당연히 지켜야 할 책무로 볼 수도 있습니다. 초등학교 교과서에는 인권을 인도주의와 비슷한 개념으로 서술하고 있어요. 그러나 인권을 윤리적 관점에서만 이해하면 인권 문제의 본질을 가릴 수 있다는 한계가 있어요. 예를 들면 일제 강점기 '위안부' 피해자 할머니들에 대한 전쟁 범죄 배상에서 일본이 내세우는 게 인도주의입니다. 전쟁 범죄를 시인하고 그 피해를 배상하라는 요구는 거부하면서, 대신 인도주의적 차원에서 돈은 줄 수 있다는 식으로 나오거든요. 법적 책임은 없지만, 인간적으로 불쌍히 여겨 돈을 내주겠다는 거잖아요. 피해자로서는 치욕스러운 말이에요.

만약에 누가 내 차를 들이박았어요. 그쪽 잘못이니 내가 배상을 요구하고 수리비를 받아내는 게 당연하잖아요. 그런데 내가 불쌍해서 돈을 준다? 이건 아니잖아요. 이렇게 가해자와 피해자가 명확한 상황에서 '인도주의'라는 말이 들어오면 사건의 본질을 흐리게 됩니다. '네가 잘못했어. 용서를 빌고 사과해.' 같은 문제의식은 사라지고 '봐줄 테니 사이좋게 지내자. 좋은 게 좋은 거 아니겠어?' 이런 식으로 소위 '물타기'를 하기 쉽습니다.

인권을 윤리적·도덕적 차원에서 접근해서는 안 되는 이유입니다. 제가 보기에 인권은 대단히 정치적인 논리예요, 뒤에 또 이야기하겠습니다만, 저는 오늘 이 점을 강조하고 싶어요. 그런데 우리는 '정치적'이라는 말을 별로 좋아하지 않습니다. 사회 전반에 정치와 정치인에 대한 혐오가 널리 퍼져 있기 때문이에요. 그래서 정치적이라는 표현에는 뭔가 안 좋은 것, 음험하고, 솔직하지 못한, 뒷거래하는 듯한 이미지가 있어요. 하지만 우리가 인권을 말할 때 이 정치성을 빼놓아서는 제대로 그 의미를 이해할 수 없어요.

인도주의는 기본적으로 시혜자와 수혜자 간 비대칭적인

관계를 전제로 합니다. 우위에 있는 쪽이 그러지 못한 사람을 도와주는 거죠. 동등하게 성립되는 관계가 아닙니다. 예전에 이런 일이 있었습니다. 이주 노동자 단체를 지원하는 어떤 사람이 있었어요. 이 사람은 이주 노동자들을 불쌍하게 여겼습니다. '낯선 남의 나라에 와서 고생하니 얼마나 힘들겠냐.' 하는 마음에서 후원을 해왔습니다. 그런데 어느 날 지하철에서 이상한 장면을 목격해요. 외형상 이주 노동자가 분명한 사람이 값비싼 신발을 신은 거예요. 그걸 본 순간 이 사람은 배신감을 느낍니다. '나도 못 신는 비싼 신발을 신다니. 불쌍한 줄 알았는데 아니네?' 이러면서 지원을 중단합니다. 조금 극단적인 사례일 수 있지만, 인도주의적 관점으로 인권을 보면 이런 한계가 있을 수 있다는 점을 말씀드리는 겁니다.

인권은 불쌍한 사람이든 잘난 사람이든 상관없이 누구나 누리는 보편적 권리입니다. 여기에는 조건이 없어요. 성별과 국적, 외모, 나이 등을 따지지 않습니다. 인간이면 누구나 갖는 권리예요. 그런데 제가 이렇게 말씀드리면 비현실적이라는 지적을 받습니다. 당장에 이런 질문이 들어와요. "범죄자의 인권도 인정해야 하나요?" 이런 질문은 나쁜 짓을 한 사람도 똑같이 대우해줘야 하느냐는 항의에 가까워요. 범죄자가 죗값을 치르는 것과 그가 누릴 수 있는 인권은 별개의 문제입니다. 이는 앞서 말씀드린 인도주의적 관점과 흡사합니다. 대부분 나보다 도덕적으로나 경제적으로 낮아 보이는 사람과 동일선상에서 취급받는 걸 견디기 어려워합니다.

인권을 말하려면 우리가 인간이라는 기본 조건 이외의 것들, 성별이나 경제적 지위, 종교 등을 배제해야 해요. 쉬운 일은 아닙니다. 어떻게 보면 상당히 급진적인 논리가 되는 거죠. 그래서 이 인권이라는 말은 따져보면 따져볼수록 굉장히 논쟁적인 개념입니다.

## 근대 자연권의 등장

우리보다 먼저 인권 개념을 발전시켜온 서양을 살펴보겠습니다. 서양에서 인권은 자연권 개념에서 비롯됩니다. 이는 로마 시대부터 있었던 것이고, 그 기원이 고대 그리스까지 거슬러 올라갑니다. 이때 '자연'이 의미하는 바는 우리가 흔히 쓰는 자연, 즉 산천초목이 있는 지구 환경보다는 본성nature에 가깝습니다.

예를 들어 '원'이라는 개념이 있습니다. 동그라미를 말하지만 실제 우리 생활 속에서는 완벽한 원은 없어요. 제아무리 정밀하게 그렸다고 해도 현미경 같은 걸로 자세히 살펴보면 삐뚤빼뚤하고 어딘가 맞지 않는 부분이 있거든요. 그런데 이게 원이다, 혹은 이것은 원이 아니다, 이 원은 찌그러져 있다, 이런 판단을 하려면 어떤 기준이 있어야 하잖아요. 비록 현실에는 존재하지 않지만 완벽한 형태의 '원'이라는 개념이 필요합니다. '자연'은 이렇듯 어떤 개념의 본성이자 기준을 말합니다.

인간 사회도 마찬가지예요. 한 사회에 질서를 부여하고 올바른 방향으로 이끌려면 규칙, 즉 법이 있어야 합니다. 이때 우리가 기준으로 삼을 수 있는, 도덕에 가까운 질서가 바로 '자연법'이에요. 고대 그리스와 로마에서 그랬습니다. 그러다 중세로 오면서 신의 법이 세상을 지배하게 되죠. 이때부터는 과거 자연법의 논리가 상대적으로 약화됩니다. 세상 만물이 '신의 말씀'에 의해 창조되었으니 다른 어떤 기준을 인정할 리가 없잖아요. 하지만 중세 봉건제 사회가 붕괴되자 자연법이 다시 등장합니다.

우리 사회 교과서에도 나오는 네덜란드의 후고 그로티우스, 독일의 사무엘 푸펜도르프 같은 인물이 이 시기에 활약합니다. 모두 17세기 유럽의 자연법 사상가들이에요. 이때가 되면 자연법 사상은 더욱 깊어집니다. 세계의 본성이나 기준이라는 추상적인 개념에서 정치적 논리로 발전해요. 왜 그랬을까요?

이는 당시의 시대상과도 연결이 됩니다. 중세 봉건 사회가 몰락하고 새로운 계급이 등장하지요. 바로 신흥 계급인 시민입니다. 이들은 상업을 통해 부를 축적하고 정치력을 키워갑니다. 예전에 왕과 귀족이 누리던 권력을 이들 시민 계급이 차지하기 시작해요. 힘이 생기니 자기주장이 강해집니다. 자연법은 여기에 논리를 부여하지요.

예를 들면 이렇습니다. 봉건 시대에 한 번 왕은 영원한 왕이었고 왕위는 세습되었습니다. 하지만 아무도 이상하게 생각하지 않았어요. 모두 '당연한 거 아니야?' 했습니다. 그런데 근대에 가까워지면서 사람들 생각이 바뀌어요. '왜 자기들끼리 왕위를 물려받아야 하지? 왕이 나보다 똑똑한가? 그런 것 같지도 않은데?' 이렇게 그동안 상식으로 여겨왔던 정치 체제를 문제 삼기 시작해요.

또한 누구나 자연적인 권리, 즉 자연권nature right을 갖고 있다는 생각이 퍼집니다. 그러면서 법과 비슷한 의미로 사용되던 'right'는 점차 올바름, 정당성이라는 뜻을 가지게 됩니다. 인간은 누구나 평등하다는 시민 계급의 생각, 왕이 모든 권한을 소유하는 것은 자연의 본성, 즉 자연법에 어긋난다는 생각이 바로 'right'라는 말에 담겨 있습니다. 그래서 우리가 이걸 '권리(權利)'로 번역하면 그 뜻을 온전히 담지 못해요. 오히려 '이익(利益)'을 뜻하는 한자 때문에 배타적인 소유권 같은 느낌을 줍니다. 이는 원래의 뜻과 거리가 있어요. 자연권에 대한 이러한 생각들은 당시로서는 상당히 급진적이었어요. 당연히 정치적일 수밖에 없었습니다.

인간이라면 누구나 누려야 할 권리인 '자연권' 개념은 동양에 소개되면서 '천부인권'으로 번역됩니다. 원래 말대로 자연권이라고 옮기지 않은 이유는 지금도 모르겠어요. 어쨌든 18세기 무렵에는 자연권 개념은 저항의 논리가 됩니다. 그러다가 1789년 근대의 시작을 알리는 일대 사건이 일어나죠. 바로 프랑스 혁명입니다. 이 시기 자연권은 인권으로 대체됩니다. 그전에도 쓰이긴 했지만 본격적이지는 않았어요. 혁명을 계기로 인권이라는 말이 널리 퍼집니다. '자연'보다는 '인간'이라는 표현이 훨씬 더 사람들에게 다가왔던 거예요.

사실 두 개념은 차이가 거의 없습니다. 자연권이 곧 인권이에요. 내용은 같은데 말만 바뀌었다고 할 수 있어요. 왜 그랬을까요? 당시는 철학적으로 계몽사상이 크게 유행했습니다. 계몽주의가 무엇입니까? 인간 중심 사상이잖아요. 인간의 이성, 인간의 생각, 인간의 느낌을 중요하게 생각하는 게 바로 계몽사상입니다. 그래서 당시 소설을 보면 본격적으로 인간의 희로애락을 다룹니다. 하층민의 삶을 다룬 소설을 읽으며 눈물을 흘리는 귀족을 만날 수 있는 시대였지요. 이전에는 존재감이 없던 보통 사람들의 삶을 전면에 내세운 겁니다.

## 프랑스 혁명의 인권 선언

이러한 인간중심 사상은 프랑스 혁명기에 발표된 '인간과 시민의 권리 선언'에 고스란히 담겨 있습니다. 이때부터 '인권'이 본격적인 정치 용어로 등장합니다. 그로부터 두 세기가 지난 1948년 유엔 차원의 세계 인권 선언에서 좀 더 충실한 내용을 갖추게 되지요. 두 차례의 세계 대전과 홀로코스트라는 전대미문의 사건을 겪은 인류가 다시는 그런 불행한 일이 일어나서는 안 된다는 다짐으로 만든 국제 선언이에요. 선언인 만큼 실정법 같은 구속력은 없지만, 인류 최초로 인권을 세계 공통의 규범으로 제시했다는 데 의미가 있습니다. 물론 한계도 있습니다. 당시 전승국들 위주로 세계 질서가 재편되는 상황이다 보니 이들 나라의 입김이 크게 작용합니다. 또한 나라마다 이해관계가 다르다 보니 민감한 내용들은 빠졌어요. 그래서 세계 인권 선언 등을 통해 인권을 설명하기에는 미진한 부분이 많습니다.

선언문들에 담긴 내용을 좀 더 구체적으로 살펴볼까요. 먼저 프랑스 혁명기의 '인간과 시민의 권리 선언'(1789년)입니다. 다소 긴 제목에서 우리가 주목해야 할 부분은 왜 하필 '인간과 시민'일까 하는 것입니다. 이때의 시민은 우리말로 치면 국민입니다. 문제는 여기에 유색 인종이나 하층민, 여성 같은 사회적 약자는 포함되지 않는다는 거였어요. 실제로 이 선언이 있은 2년 후 올랭프 드 구주는 '여성의 권리 선언'을 합니다. 국민의 절반을 차지하는 여성에게 참정권이 없었거든요. 하지만 그 대가는 참혹했어요. 자신들의 권력을 위협받았다고 생각한 남성들은 이 여성 혁명가를 단두대로 보냅니다. 프랑스에서 여성 참정권은 150년을 훌쩍 넘긴 1946년에야 보장돼요.

또 하나의 인권 선언문인 미국 독립 선언(1776년)도 이와 비슷한 한계를 안고 있었습니다. 당시 선언문 작성에 참여한 토머스 제퍼슨은 후에 미국 대통령이 되는 인물입니다. 그런데 이 사람은 100명이 넘는 노예를 소유한 사람이었어요. 그런 사람이 떡하니 "모든 인간은 동등하다"라는 문구가 있는 독립 선언서를 쓴 겁니다. 어떻게 이런 일이 가능했을까요?

아마도 제퍼슨 본인은 자기 상황에 모순을 느끼지 않았을지도 모릅니다. 왜냐하면 그때 당시 관념으로 흑인은 인간 범주에 속하지 않았거든요.

당시 혁명가들의 사고가 시대적 한계를 뛰어넘지 못한 거죠. 그래서 당시 선언문에 등장하는 인간의 범주에는 어느 정도 재산이 있는 백인 성인 남성만이 속했습니다. 사실상 그들만의 선언이었던 셈이죠. 실제로 이 선언이 있은 지 얼마 후에 당시 프랑스 식민지이던 아이티에서 노예들이 반란을 일으켰어요. 프랑스 혁명에 자극받은 그들은 "자유? 평등? 그렇다면 우리도!" 하는 마음이었을 거예요. 이때 프랑스가 어떻게 했느냐면 군대를 보냅니다. 진압하려고요. 한마디로 "너희들 얘기가 아니거든? 너희와는 상관없어"죠. 어떤 위대한 혁명에도 시대적 한계는 있습니다. 지금 관점에서 보면 명백하죠.

그럼 프랑스 혁명가들이 정말 원했던 건 뭐냐. 바로 '국민의 권리'입니다. 여기서 우리는 '국민'이란 말에 주목해야 합니다. 여러분 '국민'을 어떻게 정의할 수 있을까요? 우리 헌법 1조에도 나오지요. "모든 권력은 국민으로부터 나온다." 이렇게 보면 '국민'이 뭔가 매우 이상적으로 여겨지기도 합니다. 하지만 정말 그런가요? 우리나라 선거는 국민이 하잖아요. 그런데도 가끔 이상한 사람들을 뽑습니다. 언론 때문일까요? 그럴지도 모르죠. 하지만 그 언론사를 운영하고 뉴스를 소비하는 사람도 국민 아닌가요? 따지고 보면 '국민'이라는 말은 많은 차이를 건너뛰는 개념입니다. 어떻게 보면 '상상 속 동일성'이라고 할 수 있어요. 실제로 근대 혁명기에 유행하게 된 이 국민이라는 말은 이후 유럽에서 다양한 사람들을 한데 묶는 역할을 합니다.

알다시피 혁명 전에는 수직적인 사회였습니다. 권위주의적이고 상하 질서가 분명했어요. 이 시기에는 윗사람에 대한 충성이 큰 미덕이었습니다. 우리 역사에도 그런 인물들이 등장하잖아요. 일편단심의 상징인 정몽주가 그렇고 세조에게 죽임을 당한 사육신이 그랬습니다. 후대에도 계속 칭송받았지요. 그런 식으로 사회 질서가 유지되었어요.

그런데 혁명 후 사회가 급변합니다. 봉건적 질서가 해체되고 부르주아지 중심의 수평적 사회로 재탄생합니다. 공식적으로 신분제가 폐지되지요. 하지만 당시 혁명가들은 이를 마냥 좋게만 생각할 수는 없었어요. 사회의 구심점이 사라지면서 공백이 생긴 거예요. 사회가 유지되려면 서로 뭉쳐야 하잖아요. 소속감이 있어야 합니다. 그래야 내가 이 공동체를 위해 뭔가 해야겠다는 마음이 생깁니다. 바로 이러한 배경에서 만들어진 것이 바로 '국민'내지는 '민족'이라는 관념이에요. 여기에는 다른 모든 차이를 잊고 하나가 되자는 뜻이 담겨 있습니다. 19세기 프랑스 사상가 에르네스트 르낭이 『민족이란 무엇인가』에서 지적했듯 '국민' 혹은 '민족'이란 사실상 기억의 공동체가 아닌 망각의 공동체라고 할 수 있습니다.

예전에는 서로 죽일 듯이 싸우던 가문들도 우리가 같은 민족, 같은 국가의 국민이라는 명분 앞에서 하나가 됩니다. 국민이란 근대에 등장한 새로운 정치 공동체예요.

## 베스트팔렌 조약과 국가 주권 개념의 성립

여러분, 서양의 역사를 보면요. 결국은 다 명분 싸움입니다. 대표적인 게 종교 개혁이에요. 그전 사회의 지배자는 아시다시피 로마의 교황청이었습니다. 강력한 구심점으로 작용했어요. 모두가 '하느님의 자식'이었으니까요. 이런 사회에서 왕을 비롯한 정치 지도자들은 교황의 눈치를 보아야 했습니다. 행여 밉보여서 파문이라도 당하는 날에는 지도자로서의 명분이 없어지잖아요. 그런데 종교 개혁 시기에 이르러서 어떻게 돼요. 종교에서 교황이 분리됩니다. 하느님은 그대로 있고 이를 섬기는 방식만 바꾼 거예요. 교황을 더 이상 종교 지도자로 인정하지 않아요. 그러자 수많은 왕, 영주들이 그쪽에 붙습니다.

마르틴 루터의 종교 개혁이 그들에게 교황의 눈치를 보지 않고 현실에서 권력을 마음껏 추구할 명분을 준 거예요. 이렇게 해서 서양에 구체제인 가톨릭 세력과 결별한 프로테스탄트 체제가 등장합니다. 그리고 이들 간의 종교 전쟁이 17세기에 30년간 벌어지지요. 결국 싸움에 지친 나라들끼리 협정을 맺습니다. 바로 최초의 국제 조약으로 알려진 베스트팔렌 평화조약1648이에요. 상호 협정을 통해 서로의 권력을 인정하기로 하죠. 각자의 영토와 주권sovereignty을 인정하고 이를 바탕으로 이른바 절대 왕정이 출현합니다.

각 영토 내에서 누구도 침범할 수 없는 절대 권력의 주체는 바로 국왕이었습니다. 봉건 시대와 달리 각 지역을 모두 아우르는 절대 권력이 통치하는 국가가 탄생한 거예요. 그전만 해도 한 나라에 통치권이 미치는 지역은 일부였습니다. 그래서 영토, 즉 나라 경계가 불분명했어요. 대충 여기까지는 우리 권력이 미치는 범위, 저기부터는 남의 지역, 이랬지요. 그러다가 절대 군주가 등장하면서 딱 경계선이 그어집니다. 베스트팔렌 조약은 이렇게 서로의 경계를 분명히 한 최초의 사례입니다. 그걸 어기면 전쟁이 시작되는 거예요.

이제 봉건제 아래서 농노로 살았던 사람들은 왕의 신민이 돼요. 절대 왕정 시대의 신민은 현재의 국민과 거의 비슷해집니다. 절대 왕정의 등장은 과거 유대 관계를 맺었던 봉건 공동체를 해체하고 절대 권력 아래 무수한 개인으로 사회를 재편성합니다. 딱 한 사람만 빼고 똑같아진 거예요. 사회 경제적 평등까지는 아니지만 형식적으로는 그랬습니다. "짐이 곧 국가"이고 나머지는 모두 국가의 신민, 즉 국민이었습니다. 어제까지만 해도 평생 한자리에서 농사만 짓던 사람들이 생판 모르는 사람들과 똑같은 국민이 됩니다.

이처럼 봉건제가 무너지고 절대 왕정이 들어서면서 기존의 봉건적인 사회관계를 벗어난 개별자들이 단독자로서 국가와 마주하게 됩니다. 이때까지만 해도 진정한 개인의 탄생은 아직 멀기만 했어요. 그 후 상업을 통해 부를 축적한 새로운 계층이 나타나지요. 부르주아라고 하는 시민 계층이 형성되면서 이들이 자기 권리를 주장하기 시작합니다. 탄압은 혁명을 부르고 결국 절대 군주는 단두대에서 목숨을 잃게 되지요. 역사에 개인이라는 새로운 주체가 등장하는 순간입니다.

우리는 어땠을까요? 한국 사회는 오랜 농촌 공동체 문화가 남아 '개인' 관념이 비교적 약한 편입니다. 그래서 10~20년

전만 해도 서양의 프라이버시 문화를 잘 이해하지 못했어요. 예를 들어 서양 사회에서는 남의 개를 만질 때도 허락을 받습니다. 개인의 영역에 들어갈 때는 항상 먼저 물어봐야 해요. 그게 예의입니다.

우리 문화는 달라요. 아이들을 보면 "아이고, 예쁘다." 하면서 쓰다듬죠. 우리에겐 이런 게 친밀함의 표현입니다. 하지만 서양인들이 볼 때는 무례한 행동이에요. 여기에는 개인 관념을 발전시켜 나간 서양의 역사적 배경이 있습니다. 서양에서 개인은 불가침의 영역입니다. 이를 위해 신체의 자유와 사상의 자유를 보장하고 있고요. 이처럼 신성불가침이며 스스로 합리적으로 판단할 수 있는 개인이라는 관념은 민주주의로 이어집니다. 자유로운 개인들이 사회적 계약을 통해 구성한 권력의 통치를 받는다는 아이디어가 바로 민주주의의 원천이잖아요. 그러나 여기에는 허점이 있어요. 한 사회가 각 개인으로 분리되었다는 건 역으로 그 사회의 끈끈한 유대 관계가 해체되었다는 이야기이기도 합니다. 그래서 그 공백을 '민족'과 '인종'으로 대체하는 현상이 지구촌 곳곳에서 벌어지게 되었지요.

요약하자면, 종교 개혁 이후 서양에서 개인은 더 나뉠 수 없는 일체화된 존재로 인식됩니다. 각 개인이 하나의 소우주

microcosm인 거예요. 개인의 몸이 영주나 신의 소유에서 벗어나 자율성을 얻어요. 개인은 주체성을 지닌 존재로서 상호 존엄성을 인정받게 되어 결국 타인과의 공감이 가능해지지요. 이는 하나 된 국민민족 공동체이라는 상상의 바탕이 됩니다. 이후 혁명이 일어나고 개인들 중 일부가 주권자인 국민의 자격을 얻습니다. 이로써 국민이 주인인 '국민 국가'가 탄생해요.

그러나 인권적 측면에서 보자면 여기에는 한계가 있습니다. 절대 왕정은 낡은 봉건적 관계를 해체하면서 주권자인 국왕 이외의 모든 사람을 무장 해제시키고 그중 일부에게 국가에 속할 성원권을 부여합니다. 오로지 국민의 자격을 얻은 사람들만이 개인으로서의 권리도 얻게 됩니다. 그래서 서양 사람들은 인권을 오랫동안, 심지어 1948년 세계 인권 선언 때까지도 주권과 비슷한 의미로 받아들입니다. 인권이 마치 '국민이 될 권리'처럼 인식된 거예요.

## 주권자의 권리인가 보편적 권리인가

예를 들면 미국 흑인 민권 운동 당시 그들이 내건 슬로건은 "우리도 미국인이다"였습니다. 마틴 루서 킹 목사는 "내겐 꿈이 있습니다I have a dream"로 시작하는 유명한 연설에서 서로 반목하지 않고 평등하게 살아가는 미국 사회를 역설합니다. 그런데 자세히 보면 모든 인간의 평등을 얘기한 게 아니에요. 흑인도 미국인으로 인정해달라는 뜻이었습니다. 보편적 인간이 아닌 미국이라는 국가에 속한 개인으로 한정되어 있었던 겁니다. 요즘이라면 좀 더 보편적인 권리, 흑인을 포함해 히스패닉 계통, 미국 국경을 넘어서 온 이주 노동자들의 인권을 주장할 수도 있었겠지요. 그러나 당시만 해도 흑인 민권 운동은 미국 땅을 밟고 있는 모든 사람을 평등하게 대하라는 게 아니었습니다. 오히려 그러한 생각은 흑인을 이방인 취급하는 것으로 여겨져 배격되었지요.

우리나라 5·18 광주 민주 항쟁 때 대규모 민간인 학살이 있었습니다. 군사 쿠데타 세력들의 잔악함에 많은 사람이 충격을 받았어요. 그러면서 어떻게 같은 국민에게 총을 겨눌 수 있느냐며 분노했습니다. 당시 광주 시민들은 시위를 할 때 태극기를 흔들었습니다. "우리도 대한민국 국민이다." 하고 외쳤어요. 신문·방송에서 광주 민주화 운동을 내란이니 뭐니 하면서 선동하는 데 대한 정당한 대응이었죠. 그런데 한번 생각해보세요. 만약 대한민국 사람이 아니면 죽어도 되는 걸까요? 그러니까 그 당시 우리의 인식 속에 인간의 권리라는 건 '국민'이라는 틀 안에 있었던 겁니다. 앞서 말씀드린 흑인 민권 운동 사례와 비슷해요.

제가 이런 말씀을 드리는 이유는 이 운동들을 폄하하려는 게 아닙니다. 흑인 민권 운동과 광주 민주 항쟁은 시대의 흐름을 바꾼 위대한 운동이에요. 다만 그 시기를 거쳐 오늘날 인권이 발전했으며 초창기에는 인권을 인간의 보편적 권리가 아닌 국민, 즉 주권자의 권리로 인식하고 있었다는 점을 설명해드리고자 함입니다.

인권을 국민이라는 틀로 보면 여기에서 배제되는 사람이 너무 많아요. 우리가 지금껏 살펴보았듯이 프랑스 혁명에서는 부르주아 백인 남성이 아닌 다른 모든 사람이 권리를 보장받지 못했습니다. 미국 독립 선언서는 흑인 노예들을 간과했지요. 이러한 한계를 반성적으로 되돌아볼 때 우리가 좀 더 보편적인 인간의 권리, 즉 인권을 튼튼히 다져나갈 수 있는 것입니다.

그래서 오늘날 우리가 생각하는 인권 개념에는 과거 인도주의나, 근대 주권 개념이 많이 섞여 있다고 볼 수 있어요. 이는 비단 지금 우리만의 인식은 아닙니다. 20세기 최고의 정치 철학자 중의 한 명으로 인정받는 한나 아렌트라는 분이 있어요. 이분이 일찍이 다음과 같은 말로 인권에 대한 세상의 편견을 질타했습니다. 인권이란 "권리를 가질 권리the right to have rights"라고 말했죠. 과연 무슨 뜻일까요? 현실에서는 누구나 보편적으로 권리를 가질 수 없다는 거예요. 오늘날 인권을 외치는 수많은 나라에서 여성, 장애인, 성 소수자, 빈민, 난민은 제대로 보호받지 못합니다. 이들에게는 '권리를 가질 권리', 즉 국민에 속할 성원권이 없기 때문이에요.

국민의 주권으로서 인권을 이해하면 사각지대가 생깁니다. 앞서 설명했듯이 국민은 절대 왕정의 등장으로 봉건 사회가 해체되면서 흩어진 개인을 한데 모으려고 등장한 가상적 개념입니다. 우리 헌법에서도 볼 수 있듯이 주권을 지닌 정치 단위로서 국민을 규정하고 있어요. 만약 이런 상황에서 이주 노동자에게 투표권을 주자고 하면 어떤 일이 생길까요? 당연히 기존 국민들의 반발이 심할 겁니다. 왜냐하면 이주 노동자들은 국민으로서 의무를 다하지 않았다고 생각하니까요. 군대도 안 가고, 제대로 세금도 안 내는 사람들에게 나와 똑같은 권리를 부여하면 안 된다고 생각하는 이들이 많지요.

그렇다면 보편적인 인간의 권리로서의 인권은 어떻게 확보할 수 있을까요? 국민 국가 출현 이전으로 돌아가야 합니다. 국가라는 틀에서 벗어나 원래의 가치를 되찾아야 해요.

인권에는 조건이 없습니다. 말 그대로 인간이기에 마땅히 누려야 할 권리예요. 주권과 인권의 가장 큰 차이는 이러한 보편성에 있습니다. 국민 국가가 부여하는 주권은 개인의 정상성과 합리성을 조건으로 합니다. 인권은 그런 전제가 없어요. 오히려 불완전한 인간에 관심이 있습니다. 인권이 관심과 배려 그리고 공감을 요구하는 이유가 바로 여기에 있어요. 인간의 본질적 취약성이야말로 인권의 근거입니다.

그런 의미에서 인권은 새로운 정치 이념이라고 할 수 있습니다. 우리가 보통 '정치'라고 하면 국회에서 치고받고 싸우는 걸 연상하잖아요. 하지만 이건 언론에서 의도적으로 퍼뜨리는 정치적 선동에 불과합니다. 정치는 우리 삶을 바꾸는 행동이에요. 인간은 공공의 사안에 정치적으로 참여할 때 비로소 온전히 인간다운 삶을 살 수 있습니다. 역사를 돌아보아도 인간은 정치적일 때 인간성을 수호할 가능성이 높았습니다. 앞서 말했듯 인권은 우리가 싸워서 쟁취해야 할 정당한 우리의 몫이며 이는 민주주의와도 상통합니다.

우리 시대의 인권은 취약한 개인들 간의 상호 이해와 연대라는 측면에서 서구적 개인주의와 구별됩니다. 인권이 단지 인간적인 온정이 아닌 지극히 정치적인 이념의 성격을 띠고 있다는 점에서 인도주의와도 다르고요. 과거 국민국가의 구성원으로서 개인이 가졌던 주권이라는 개념으로 인권을 바라보면 필연적으로 여기서 배제되는 사람이 생깁니다. 오늘날 인권은 그동안 '비인간' 취급을 받던 각종 소수자, 역사적 피해자, 더 나아가 동식물 같은 생명을 포함하는 생태주의적 관점까지 포괄하고 있어요. 인권이 개인과 국가라는 틀에서 벗어나 더 많은 생명과 소통하고 공존하는 방향으로 나아가고 있는 것입니다.

## 인권 개념의 확장: '국민'에서 '인간'으로

인권의 역사에서 1990년대는 큰 변화의 시기였습니다. 어떤 학자들은 '인권 혁명'이라는 표현을 쓸 정도입니다. 냉전 체제가 무너지면서 인권이 새롭게 조명받아요. 그동안 주목받지 못했던 소수자들이 자기 목소리를 내기 시작해요. 한국의 일본군 '위안부' 피해 할머니들도 그랬습니다. 국제 사회에서 새롭게 이 문제를 바라보기 시작했어요.

우리나라도 이 시기에 다른 여러 목소리를 듣게 됩니다. 1980년대까지만 해도 전두환 군사독재에 맞서 많은 시민이

피를 흘리는 상황이라 다른 목소리가 끼어들 틈이 없었어요. "지금 사람이 고문당하고 죽어가는데 동성애 문제가 뭐가 중요해?" 대충 이런 분위기였죠.

그러나 1990년대가 되면서 상황이 달라졌어요. 성 소수자, 장애인, 이주민 들이 자기 목소리를 냅니다. 전 세계적인 현상이었어요. 이때 그 근거로 작동한 게 바로 인권이었습니다. "우리도 국민이다." 대신에 "우리도 인간이다"가 등장한 겁니다.

그전까지 이들 소수자는 모두 자기 탓을 해야 했습니다. '하면 된다'가 횡행했으니까요. 열심히 하면 잘살 수 있고 성공할 수 있는 사회에서 그렇지 못한 사람들은 그냥 게으른 사람인 거죠. 장애인이나 성 소수자를 배제하는 것도 그런 식으로 합리화됩니다. 하지만 실상을 보면 그러한 성공이 사실은 개인의 역량보다는 사회적 조건에 기인한다는 걸 금세 알 수 있어요. 인권은 스스로 선택하지 않은 조건을 이유로 사람을 차별하는 데 반대합니다.

내 몸, 피부색, 국적, 성별, 집안 이런 것을 나 스스로 정할 수 있나요? 어쩌면 성공한 사람들은 그저 운이 좋았을지도 모릅니다. 안정된 가정에서 좋은 교육을 받고 지원을 듬뿍 받은 사람들이 노력하지 않는다는 뜻이 아닙니다. 예컨대 백인 중산층 가정에서 태어난 사람이 그렇지 않은 사람보다 성공할 가능성이 크다는 말씀을 드리는 거예요. 문제는 그런 환경을 우리가 선택할 수도 없거니와 그렇게 태어난 사람이 절대다수도 아니라는 점입니다.

우리가 인간을 이해하고 공존하면서 평화롭게 살아가려면 우리 모두 취약한 존재라는 걸 인정해야 해요. 종교는 일찌감치 이러한 인간의 본성을 알고 있었습니다. 인간은 고통 속에 놓여 있고, 미래를 알지 못해요. 누가 언제 죽을지 몰라요. 부유한 삶을 누리는 누군가가 당장 내일 교통사고로 죽을지, 갑자기 암 선고를 받을지 아무도 모릅니다. 종교는 이러한 삶의 불확실성과 존재의 취약성에 위안을 줍니다. 저는 이러한 인간 존재의 본성이야말로 인권의 근거라고 생각해요. 약한 존재로 태어났기에 서로를 인정하고 이해하고 서로 도와야 하는 겁니다. 어떤 면에서 우리는 모두 소수자예요.

저는 이런 인권 개념이야말로 새로운 민주주의의 이념적 기초라고 생각해요. 이제 민주주의는 더 이상 다수결의 원리만을 의미하지 않습니다. 여러 사람이 찬성한다는 이야기는 그렇지 않은 사람이 소수라는 뜻이잖아요. 이들을 배제하고 어떻게 민주주의가 실현될 수 있을까요? 물론 결정은 해야 합니다. 하지만 이걸 단순히 머릿수로 처리한다는 것이 옳은

지는 생각해볼 문제입니다. 이것이야말로 우리가 새로운 정치를 고민해야 하는 지점이라고 봅니다.

정치는 단순한 권력 쟁탈전이 아니에요. 인간의 문제를 푸는 가장 인간다운 방식입니다. 여기서 '인간적'이라는 게 꼭 긍정적인 의미는 아니에요. 인간은 취약한 존재이자 기본적으로 모순적인 존재거든요. 동물은 모순이 없어요, 보통은 자연의 원리에 충실하죠.

동물들이 과식한다는 말 들어보셨어요? 그들은 먹을 만큼 먹습니다. 먹잇감을 고를 때도 감정이 없어요. 저 동물이 싫어서 공격하고 잡아먹나요? 아니잖아요. 인간을 제외한 동물들에게는 남을 해치려는 의도가 없어요. 그냥 자연의 법칙에 따라 다른 동물을 잡아먹을 뿐이에요. 배가 부르면 더는 먹잇감을 찾지 않습니다. 하지만 인간은 어떻습니까? 이해관계를 따지고 심지어 단순히 재미로 사람을 괴롭히죠. 자기 생존과 상관없는 불필요한 폭력을 행사합니다.

인간 사회에서 어떤 이득을 취하려고 할 때 가장 손쉽게 택하는 방식이 바로 폭력이에요. 문명이 없고 사회적 규칙이 존재하지 않던 시대를 한번 생각해보세요. 그러다 점점 폭력 대신 다른 방법으로 서로의 이해관계를 조정하는 시대로 옮겨갑니다. 폭력은 서로에게 피해를 주니까요. 멀리 갈 것도 없습니다. 불과 80년 전 세계 대전으로 인류는 엄청난 상처를 입었어요. 여기서 또 한번 정치의 중요성이 강조됩니다.

정치는 폭력 대신 말로 싸우는 거예요. 설득이든 감동이든 논리적 제압이든, 어떤 방식을 써서라도 자기 이해관계를 관철시키는 과정이 바로 정치입니다. 그래서 정치는 도덕적으로 옳은 것도 아니고 틀린 것도 아니에요. 다만 '인간적인' 방식일 뿐이죠.

정치의 이러한 속성은 인간 사회에 역동성을 불러옵니다. 그 안에서 싸우고 타협하고 발전해요. 그런 의미에서 모든 갈등이 제거된 상태, 고도의 관료주의 사회야말로 반정치 사회라고 할 수 있습니다. 조지 오웰의 소설 『1984』의 배경이 바로 그렇죠. 이렇게 완벽히 통제된 사회에서는 개인이 아무것도 제 맘대로 할 수 없어요. 모든 게 통제됩니다. 그런 세상에서는 오로지 한 사람만 자유로워요.

함께 부대끼면서 싸우고, 의견을 개진하고, 다양하게 변화해가는 것. 이것이 정치고, 이것이 민주주의죠. 저는 단순히 투표와 선거로만 민주주의를 규정해서는 안 된다고 생각해요. 지금 인권이 한국 민주주의에 기여하는 측면도 바로 거기에 있습니다. 인권은 기성 정치에 대해 끊임없이 이의를 제기합니다. 오늘날 우리 사회에서 벌어지는 다양한 이슈는 상당 부분 인권 문제입니다.

인권이 여전히 '국민 주권'에 머물러 있다면 있을 수 없는 일이겠지요. 인간의 취약성, 누구나 불행의 가능성에 노출되어 있다는 점을 인정하고, 그런 사람들이 서로를 염려하면서, 서로의 일에 다 함께 참여하는 그런 정치가 필요합니다. 자격 조건을 따지지 않고 누구든 자기 목소리를 낼 수 있고, 정치적 권리를 행사할 수 있는 사회는 지금 당장은 어려울지도 몰라요. 그러나 언젠가는 가능하고 또 가능하게 해야 한다고 믿는 게 바로 인권의 논리입니다.

태어난 곳은 어디야? 어디서 왔어? 직업이 뭐지? 세금은 냈어? 군대는 다녀왔나? 돈은 좀 있어? 이런 질문들과 무관하게 인간이라는 이유 하나만으로 자기주장을 할 수 있는 사회를 꿈꾸는 게 바로 인권입니다. 그런 의미에서 인권은 '미지의 타자를 향한 다짐'입니다.

## '보편적 인간'이라는 지평

역사적으로 볼 때 인권은 서구에서 발명된 개념입니다. 시간이 흘러 이 개념은 전 세계로 퍼졌고 우리도 이제 인권의 중요성을 잘 알고 있어요. 오늘날 인권은 더욱 깊어졌습니다. 국가와 민족의 틀에서 벗어나 '보편적인 인간'이라는 지평을 향해 나아가고 있어요. 바로 그러한 이상과 꿈을 실현하고자 새로운 정치와 민주주의가 모색되고 있습니다. 이것이야말로 우리가 주목해야 할 지점이 아닌가 해요.

**청중:** 학교에서 근현대사를 가르칠 때 식민지와 독립운동 등을 매우 중요하게 다룹니다. 그러다 보니 자연스럽게 국가와 민족을 강조하게 되는데요. 인권적 차원에서 '국민국가'의 틀에서 벗어나야 한다는 당위성과는 별개로 우리 역사의 특수성을 고려해야 하는 것은 아닌가 하는 생각이 듭니다.

**전진성:** 우리가 식민지 경험이 있다 보니 민족국가 성립을 중요하게 생각할 수는 있습니다. 그래서 여전히 '국민'이라는 인식 틀이 우리 삶을 강하게 지배하는 것도 현실이고요. 하지만 저희가 인권을 이해할 때 좀 더 넓은 시야에서 바라보아야 한다는 점은 잊지 말아야 합니다. 한국인을 넘어 한 사람의 인간으로서 이 문제를 생각해볼 필요가 있어요. 현실을 좀 더 엄중히 바라보아야 해요.

지난 수백 년간 지속되어온 국민국가 시스템은 이제 그 효력을 잃어가고 있습니다. 예컨대 예전에는 우리가 모범으로 삼을 만한 나라가 있었습니다. 그래서 미국처럼 하자, 유럽을 모델로 삼자, 이랬거든요. 그런데 지금은 어때요? 미국 민주주의, 배울 만한가요? 기후 위기와 난민 문제로 시끄러운 유럽은 또 어때요. 오히려 우리 처지가 더 나아 보입니다. 그러니까 이제는 우리가 준거로 삼아야 할 게 아무 것도 없어요. 어느덧 그런 시대가 되었습니다. 앞으로 세계가 어떻게 나아갈지는 아무도 몰라요. 분명한 것은 과거 선진국과 후진국의 이분법으로 진행되어온 국민국가 시대는 확실히 저물고 있다고 말씀드릴 수 있어요.

국민, 국가, 주권, 민주주의 같은 가치가 점점 희미해지는 시대, 남은 것은 무엇일까요? 그나마 우리의 남은 희망은 '인권'입니다. 물론 인권이 요술지팡이처럼 모든 걸 해결해줄 거로 생각하지는 않아요. 다만, 이것이 미래의 지평을 열어줄 수 있다고 보는 겁니다. 학교에서는 국가와 민족을 배울 수 있습니다. 그러나 그것만으로는 우리가 앞으로 살아갈 세상을 설계할 수 없어요. 이 점을 이해해야 합니다. 그래야 교과서와 현실의 괴리를 극복할 수 있어요.

**청중:** 우리가 보통 인권을 이야기할 때 이를 보장할 주체로 국가를 꼽습니다. 나라가 국민의 기본권을 보장해야 하고 참

정권을 보장해야 한다, 이렇게 생각하죠. 그런데 만약 국가라는 틀을 벗어난다면 인권 보장의 주체를 어떻게 이해해야 할까요?

**전진성:** 현대 국가는 인권 보장에 중요한 역할을 합니다. 사법 제도나 복지 제도 등을 통해 인권을 일정하게 구현해요. 복지 국가가 출현하면서 국가의 의무가 강조되는 측면도 있습니다. 오늘날 국가권력으로부터 완전히 자유로운 개인은 없어요. 다만 우리가 국민국가의 틀에서 인권을 이해했을 때 스스로 그 범위를 좁히게 된다는 점을 말씀드리는 것입니다. 앞서 사각지대가 생긴다고 말씀드렸습니다. 세금도 내지 않았고 시민권도 없지만 분명히 존재하는 우리 이웃의 인권을 어떻게 보장할 것인가? 그런 질문을 던져야 해요. 국가에는 두 가지 얼굴이 있습니다. 하나가 국민을 보호하고 인권을 보장하는 측면이라면 다른 하나는 통제하고 억압하는 측면입니다. 그래서 자국민을 보호하는 데 주력하는 나라가 이주민을 가혹하게 대하는 게 가능하지요.

저는 인권이 이러한 국가의 양면성을 좀 더 인간적으로 바꾸어갈 수 있다고 생각합니다. 국가라는 틀에서 벗어나야 한다는 것은 그런 관점에서 인권을 보는 데 한계가 있다는 뜻입니다. 실재하는 국가를 부정할 수는 없어요. 그렇지만 인권은 더 많은 사람을 행복하게 하고 더 많은 나라를 인간적으로 만들 수 있습니다.

**청중:** 베스트팔렌 조약이 국가와 국민의 탄생을 알렸다는 말씀이 인상적인데요. 그 후 수백 년이 지난 지금도 국가 중심의 국제 체제는 변하지 않은 것 같습니다. 그렇지만 한편으로는 과연 '미래에도 그럴 것인가?' 하는 의문이 생겨요. 개별 국가로 해결하기에는 어려운 문제에 직면했기 때문입니다. 기후 위기가 대표적이에요. 지금처럼 가다가는 곧 인류가 공멸할지도 모른다는 위기감이 있습니다. 당장 기후 위기로 식량 생산에 차질이 생길 수도 있고 수면 상승으로 국토가 물에 잠길 수도 있으니까요. 지금도 각종 재난으로 난민이 발생하는 상황에서 미래에는 국경선이 의미가 없어질지도 몰라요.

과거 인류의 역사를 보면 민족 대이동이 있었잖아요. 마찬가지로 위기를 피해 이곳저곳으로 거처를 옮기게 될 수도 있습니다. 이런 상황과 인권이 어떻게 만나게 될지 궁금합니다.

**전진성:** 말씀하신 것처럼 베스트팔렌 조약 이후 '국가의 시대'가 도래합니다. 여기는 내 땅, 저기는 너희 땅, 이렇게 상호 인정하는 국제 질서가 수립되지요. 그리고 이는 국민국가

체제로 이어집니다. 그동안은 이런 시스템으로 그럭저럭 지낼 수 있었어요. 자기 나라만 잘살면 됐고 심지어 다른 나라를 착취하면서 부를 챙겨왔습니다. 하지만 이제 그럴 수가 없게 됐지요. 제아무리 선진국이라 해도 전 지구적인 위기를 무슨 수로 극복할 수 있겠어요. 외려 상황은 그쪽이 더 심각합니다. 유엔 같은 국제기구도 유명무실해졌죠. 오죽하면 그레타 툰베리 같은 어린 학생이 나섰겠어요. 그런 면에서 국민국가 체계는 이제 위기 관리 능력이 없고 이 시스템으로는 인류가 직면한 문제를 해결할 수 없다는 생각이 들어요.

조금 다른 이야기이긴 합니다만, 우리나라도 국가주의가 많이 약해지고 있죠. 단일 민족이라는 신화도 깨지고 있습니다. 당장 도시 외곽에만 나가도 이주 노동자들을 쉽게 만날 수 있어요. 방송에서 외국인이 나오는 게 하나도 어색하지 않습니다.

그렇다면 이렇게 바뀐 상황에서 국가가 아닌 어떤 공동체가 가능할까요? 무엇이 우리를 묶어줄 수 있을까요? 어떤 사람들은 '정의'를 내세웁니다. 기후 정의라는 말도 그래서 나왔고요. 올바른 일을 하자는 겁니다. 하지만 정의라는 가치가 과연 국적과 나이, 성별, 빈부 차이 등을 포괄할 수 있을까요? 정의는 상대적입니다. 어떤 사람이 볼 때는 이것이 정의지만 또 어떤 사람이 볼 때는 그렇지 않아요. 그렇기에 '정의'는 인류를 묶어내는 데 한계가 있습니다.

하지만 '인권'은 어떻습니까? 우리는 누구나 인간이기에 서로 공유할 보편적 가치를 지닙니다. 이것만큼 분명한 연대가 또 있을까요? 저는 그래서 정의를 포함해서 우리 인류가 추구해야 할 올바른 가치들과 더불어 인권을 맨 밑바탕에 두어야 한다고 생각해요. 그럴 때야 비로소 새로운 지평이 열리지 않을까요?

# 인권

## 2
## 인권의 전망

오창익

## 오창익

인권연대 사무국장으로 일하는 인권운동가. 천주교정의구현전국사제단과 천주교 인권위원회 사무국장으로 일했다. 『십중팔구 한국에만 있는!』과 『사람답게 산다는 것』을 썼고, 『인권, 여성의 눈으로 보다』, 『인간은 왜 폭력을 행사하는가?』, 『10대와 통하는 청소년 인권 학교』, 『인문학이 인권에 답하다』, 『인권연대의 청소년 인권 특강』, 『검찰공화국 대한민국』, 『간신』을 함께 썼다. 〈한겨레〉 등 다양한 매체에 글을 썼으며 지금은 〈경향신문〉에 고정 칼럼을 쓰고 있다.

인권

# 2. 인권의 전망

강

안녕하세요, 인권연대에서 일하고 있는 오창익입니다. 인권연대는 1999년에 만든 인권단체인데요. 교육도 하고 정부 감시도 하고 인권 피해 센터도 운영합니다. 2015년에는 장발장은행을 열어 벌금을 못 내서 감옥에 가야 하는 분들에게 무담보 무이자 신용 대출을 해주고 있습니다. 유튜브 방송도 [오창익TV]와 [인권연대TV] 등 두 개나 운영하고 있습니다. 2023년 10월에는 인권평화연구원을 새로 만들었습니다. 앞으로 인권과 관련해 다양한 연구를 하게 될 거예요.

## 일상에서 발견한 인권

저희는 형사사법 과정에서 가난한 사람들이 당하는 차별에 관심이 많아요. 같은 범죄를 저질렀을 때 가난한 사람이나 부자나 똑같은 액수의 벌금을 낸다면, 가난한 사람에게는 무거운 형벌이 되지만, 부자에게는 부담스럽지 않은 가벼운 형벌이 됩니다. 그래서 벌금제 개혁 운동을 하고, 장발장은행도 열었어요. 어떻게 해야 보다 공평한 제도가 될까요? 어떤 대안이 있을까요? 이를테면 소득과 재산에 따라서 벌금을 달리 내는 건 어떨까? 이런 걸 생각해볼 수 있습니다. 실제로 핀란드는 이런 제도를 무려 100여 년 전인 1921년에 시행했어요. 그런데 우리나라는 돈 많은 사람도 가난한 사람도 똑같은 금액을 내는 걸 당연시합니다. 가만히 생각해보면 억울할 수 있잖아요. 왜 재벌 총수하고 나하고 벌금이 똑같지? 건강보험료는 소득과 재산에 따라 달리 내잖아요. 많이 벌면 많이 내고 적게 벌면 적게 내고요. 인권연대는 이렇게 인권 침해 현장을 고발하는 것과 함께 대안을 모색하는 단체라고 할 수 있어요.

우리는 인권을 어떻게 이해하고 있을까요? 예전에는 인권 하면 부정적으로 보는 분들도 있었지만 지금은 그렇지 않은 것 같아요. 그만큼 인권에 대한 이해가 높아졌다고 볼 수 있겠습니다.

제가 얼마 전에 우리나라 초등학교 교과서를 살펴본 적이 있어요. 초등학교 교과서는 주로 인물을 통해 사안에 대한 이해를 돕고 있었어요. 교과서마다 공통적으로 인권 존중을 실천한 사람들을 여럿 꼽고 있었습니다. 다섯 군데 출판사에서 나온 교과서가 공통적으로 소개한 분이 허균과 방정환, 테레사 수녀였습니다.

허균은 좀 뜻밖이었어요. 이분은 『홍길동전』을 쓴 작가잖아요. 그런데 그 내용이 사실 인권과 크게 관련이 없거든요. 신분제에 불만을 품은 주인공이 도적이 되어 불쌍한 사람을 돕는다, 나중에 율도국으로 가서 왕이 된다, 뭐 이런 이야기 아닙니까? 그다음에 테레사 수녀는 종교인이에요. 가난한 사람들에게 헌신한 분으로 널리 알려져 있죠. 사회복지 실천, 사랑의 실천과 인권은 조금은 결이 다릅니다. 허균과 테레사 수녀가 인권 존중을 실천한 사람으로 손 꼽히는 것은 인권에 대한 약간의 오해에서 비롯된 것 같습니다. 뭐랄까요. 인권이란 게 결국 '좋은 게 좋은 것' 같은 오해를 하고 있는 것 같아요. 방정환 선생님을 인권을 실천한 사람으로 꼽은 것은 당연한 일입니다. 방 선생님의 업적을 살펴보는 것이 오늘날 인권의 측면에서 매우 의미 있다고 생각합니다.

여러분도 잘 알다시피 방정환 선생님은 어린이 인권에 큰 업적을 남기신 분입니다. 의암 손병희의 사위이고요. 너무 짧게 살았지만, 지금보다 훨씬 더 완고하고 갑갑했을 세상에서 남다른 상상력을 보여주셨습니다. 보통은 어린이날을 만드신 분으로 알려졌지만, 그보다 훨씬 많은 것을 남겨주신 분이에요. 이분이 1923년에 '소년운동의 선언'을 발표합니다. 그런데 그 내용이 100년이 지난 오늘에 우리 자신을 돌아보게 할 만한 전향적인 내용이 많아요. 그중 앞부분인 '소년운동의 기초 조건'을 보죠.

- 어린이를 재래在來의 윤리적 압박으로부터 해방하여 그들에게 대한 완전한 인격적 예우를 허許하게 하라.
- 어린이를 재래의 경제적 압박으로부터 해방하여 만 14세 이하의 그들에 대한 무상 또는 유상의 노동을 폐閉하게 하라.
- 어린이 그들이 고요히 배우고 즐거이 놀기에 족足한 각양의 가정 또는 사회적 시설을 행行하게 하라.

대단하지 않습니까? 어떤 측면에서 보면 오히려 지금보다 나아요. 얼마 전에 초등학교 선생님이 자살하는 사건이 있었습니다. 안타깝게도 아이들 사이에 다툼이 있었고 이를 둘러싼 학부모 민원 등 꽤 힘든 일이 많았다고 해요. 그전에도 이런 일이 가끔 있었습니다. 이에 많은 선생님이 들고일어났어요. 극단적 선택으로 이어질 수밖에 없는 현재의 근무 환경을 개선하라는 요구가 빗발쳤습니다. 그런데 윤석열 정부가 대책이라고 내놓은 게 '학생 인권 조례 폐지'였습니다. '학생 인권이 지나치게 강조되면서 교권이 추락하고 공교육이 붕괴된다.' 2023년에 교육부 장관이라는 사람이 이런 진단을 내놓아요. 실제로 그 뒤에 울산광역시의회와 서울시의회는 관련 조례를 폐지했습니다. 누군가의 인권을 보장하느라 다른 사람이 피해를 본다. 우리가 인권을 얘기할 때 나오는 흔한 반대 논리예요. 제가 강연할 때 많이 받는 질문이기도 하고요.

기본적으로 두 개의 권리가 충돌한다고 생각하는 것 같습니다. 학생의 권리와 교사의 권리를 대립하는 것으로 보는 거예요. 그래서 예전에는 이런 말도 많이 나왔죠. 체벌이 금지되면서 교권이 위축됐다. 그런데 정말 그럴까요? 현장에 계신 분들은 잘 아시겠지만, 그렇지 않습니다. 체벌이 횡행할 때보다 교권이 떨어졌다고 보기 어려워요. 또 하나는 교권을 어떻게 정의하느냐 하는 문제입니다. 수업 시간에 선생님이 무서워서 조용히 하고 있으면 교권이 확립된 걸까요? 수업 시간에 어떤 학생이 떠들면 선생님의 권리가 침해당한 건가요? 이런 걸 생각해보아야 하고요. 그런데 이상하게도 이렇게 교권을 강조하는 분들이 정작 교사들이 보장받아야 할 핵심적인 권리인 노동권에 대해서는 부정적이에요. 선생님들은 노동자가 아니라는 거예요.

선생님들은 학교에서 봉사 활동을 하는 분들이 아닙니다. 각 학교에 소속되어 임금을 받고 일하시는 분들이에요. 그렇다면 교사의 권리는 주로 사용자와의 관계에서 생깁니다. 이를테면 교육부, 교육청, 그리고 학교의 관리자들로부터 인권을 보장받아야 하는 겁니다. 부당한 지시를 한다거나 업무와 관계없는 일로 호출하고 부당한 대우를 당할 때, 교권을 침해받습니다. 선생님들은 학생을 가르치고 교재 연구하고 하는, 본연의 일에 충실할 수 있어야 하고 학교는 그런 것들을 보장해야 합니다. 그래야 교권이 확보돼요. 지금 선생님들이 해야 하는 일이 너무 많잖아요. 우리 헌법 제32조를 볼까요.

"근로 조건의 기준은 인간의 존엄성을 보장하도록 법률로 정한다."

선생님들에게 근로 조건은 무엇입니까? 선생님들이 출근

해서 수업에 들어가고 학생들 지도하고 상담도 하는 것들과 관련한 모든 일이 근로노동 조건이에요. 사용자인 학교는 선생님들의 휴식, 휴가, 월급, 복지, 노동 시간 등을 '인간의 존엄성을' 보장할 수 있도록 법률에 맞게 관리할 책임이 있습니다.

왜 그래야 할까요? 바로 근로기준법이 있기 때문입니다. 1970년 전태일이 죽음으로 외쳤던 바로 그 법입니다. 헌법에서 말한 "인간의 존엄성을 보장하도록 법률로 정한다"에서의 그 법률이 바로 근로기준법입니다. 사용자들은 의무적으로 이 법을 지켜야 해요. 그러지 않으면 형사처벌을 받을 수 있습니다.

형사처벌을 받는다는 건 해당 행위가 '범죄'라는 걸 의미합니다. 범죄를 구성하는 데는 두 가지 요건이 필요해요. 사회적으로 응징해야 할 특별히 해로운 행위여야 한다는 게 첫 번째 요건이고, 두 번째는 법률에 범죄라고 명시되어 있어야 합니다. 검사나 판사가 자기 맘대로 범죄로 규정할 수는 없어요.

앞서 말씀드린 비극적인 사건은 선생님들의 노동 조건과 관련이 깊습니다. 하지만 우리 언론은 이러한 본질은 외면한 채 선정적인 기사에 치중합니다. 학부모 커뮤니티 등에 올라

온 글을 인용하면서 교사-학부모의 갈등을 부풀리고 정부 입장을 옹호하면서 학생 인권과 교권이 서로 대립하는 것처럼 호도해요. 인터넷에 떠도는 극단적인 반응에 일희일비해서는 이 문제를 해결할 수 없습니다. 현재 선생님들의 업무 환경, 즉 노동 조건에 관해 진지하게 논의해야 해요.

누군가의 인권을 보장하면 다른 사람의 인권이 침해받는다는 인식의 배경에는 인권에 관한 오해가 깔려 있습니다. 상호배타적인 권리로 생각하기 때문이에요. 하지만 인권은 오히려 그 반대로 작동합니다. 누군가의 인권이 보장되면 나의 인권도 덩달아 보장될 가능성이 높아집니다. 장애인 이동권 보장을 위해 만든 지하철 엘리베이터는 이동 약자 모두의 권리도 함께 보장하고 있습니다. 이게 바로 인권 공부가 필요한 이유입니다. 이제부터 본격적인 인권 공부를 해보겠습니다. 먼저 인권의 개념부터 다시 살펴보겠습니다.

## 불리한 사람에게 더 많은 지지를

인권은 말 그대로 사람의 권리입니다. 하지만 사람마다 제각각 다르게 해석하기도 합니다. 어떻게 접근하느냐에 따라 그 정의가 달라져요. 다만 누구나 인권을 보장받아야 한다는 점에서는 이견이 없는 것 같습니다. 그래서 인권은 보편적입니다. 그런데 하나 더 생각해보아야 할 게 있어요. 바로 '어떻게 보장할 것인가' 하는 점입니다.

보통은 '똑같이' 대접하는 게 공평하다고들 합니다. 예를 들어 우리가 시소를 탄다고 할게요. 한 사람은 몸무게가 100킬로그램에 육박하는데 다른 사람은 그 절반밖에 안 돼요. 중심에서 '똑같은' 거리만큼 떨어져 앉으면 한쪽으로 기울어집니다. 이런 사실은 어린이들도 잘 알고 있어요. 두 사람이 수평을 맞추려면 이런 경우엔 당연히 몸무게가 더 나가는 사람이 앞쪽으로 이동해야 합니다. 인권도 그렇습니다. 똑같은 대접을 하는 게 공평하지 않은 결과로 이어지는 경우도 많습니다. 이런 경우엔 불리한 처지에 놓인 사람을 편들어주어야 합니다. 그래야 균형을 맞출 수 있습니다. 그런 점에서 인권은 조금은 편향적인 개념이기도 합니다. 불리한 사람을 편들어주면서 균형을 맞추는 개념이에요.

인권을 제대로 보장하기 위해서는 개별적인 상황과 필요성을 살펴야 해요. 그래서 인권 앞에는 항상 구체적인 대상을 가리키는 말이 붙습니다. 그냥 인권이 아니라 여성 인권이고 성 소수자 인권이며, 노인 인권이고 학생 인권이자 가난한 사람들의 인권이에요.

오늘날 인권은 보편적 가치입니다. 그래서 우리가 인권을 설명할 때 프랑스 인권 선언, 미국 독립 선언, 세계 인권 선언 등을 소개하며 이를 근거로 인권을 이야기합니다. 또한 우리 헌법에서도 충분히 인권의 근거를 찾을 수 있어요. 이렇게 되기까지 많은 시간이 걸렸어요.

여성 참정권을 예로 보겠습니다. 혁명의 나라 프랑스에서 여성이 투표할 수 있게 된 게 1946년입니다. 너무 많이 늦었죠. 우리나라가 1948년이고요. 이런 말씀을 드리면 사람들이 깜짝 놀라요. 더 놀라운 건 스위스입니다. 스위스는 주별로 차이가 있는데요. 가장 먼저 여성 참정권을 인정한 게 1971년이고 1990년에 와서야 인정된 주도 있어요. 사우디아라비아가 2015년입니다. 여전히 부족한 게 많지만 여성이 동등한 시민으로 인정받기 시작한 것은 그리 오래된 일은 아닙니다.

30년 전까지만 해도 장애인 이동권은 말도 못 꺼내고 생각도 못 해볼 만큼 낯선 개념이었습니다. 명동은 서울의 전통적인 번화가입니다. 서울 지하철 4호선 명동역에 장애인 이동권 보장을 위한 엘리베이터가 만들어진 게 2022년 가을이에요. 그전에는 임시방편으로 리프트를 사용했습니다. 서울

지하철 1호선부터 4호선까지는 애초에 설계할 때부터 엘리베이터가 없었어요. 그런데 리프트라는 게 개방된 형태다 보니 사고가 빈번했어요. 계단만 있다가 리프트를 거쳐 엘리베이터까지 이르는 변화는 모두 최근에 생긴 것입니다.

이러한 정책들이 아무런 근거 없이 이뤄지는 게 아니에요. 아까 말씀드린 우리 헌법에 다 나와 있는 겁니다. 대한민국 헌법은 전문前文과 본문 130개조로 구성돼 있는데 그중 1~9조는 "대한민국 영토는 한반도와 그 부속 도서로 한다"처럼 선언적인 내용을 담고 있습니다. 그다음으로 제10조부터 제39조까지가 국민의 권리와 의무입니다. 헌법상 우리 국민이 지켜야 할 의무는 딱 두 개입니다. 세금과 병역이에요. 나머지는 다 권리입니다. 숫자로는 28대 2입니다. 국민의 권리 보장이 핵심이고, 국민의 권리 보장을 위해 필요한 범위 내에서 세금도 내고, 국방의 의무도 필요하다는 겁니다. 이제 본격적으로 인권에 관한 내용이 담긴 헌법 문항을 보겠습니다. 먼저 제10조예요.

"모든 국민은 인간으로서의 존엄과 가치를 가지며, 행복을 추구할 권리를 가진다. 국가는 개인이 가지는 불가침의 기본적 인권을 확인하고 이를 보장할 의무를 진다."

인권 보장이 국가의 의무임을 밝히고 있어요. 뒤이은 제11조 1항을 볼까요.

"모든 국민은 법 앞에 평등하다. 누구든지 성별·종교 또는 사회적 신분에 의하여 정치적·경제적·사회적·문화적 생활의 모든 영역에 있어서 차별받지 아니한다."

여기서는 법 앞의 평등, 차별받지 않을 권리를 말하고 있습니다. 그러면서 성별, 종교적 또는 사회적 신분 등 사례를 들고 있지요. 헌법 제34조로 가면 이런 대목이 나옵니다. "신체장애자 및 질병·노령 기타의 사유로 생활 능력이 없는 국민은 법률이 정하는 바에 의하여 국가의 보호를 받는다." 평등은 기본이고, 약자, 소수자는 더 살뜰하게 챙겨야 한다는 겁니다. 나중에 제정된 국가인권위원회법에는 인권을 보장받아야 할 대상이 더 구체적으로 나와 있습니다.

인권이 필요한 사람들, 약자나 소수자의 지위에 있는 사람에게는 자신들이 어떻게 호명되는가가 중요한 문제입니다. 그래서 오늘날은 보통 '장애인'이라는 표현을 많이 쓰죠. '장애우'라는 표현도 있습니다만, 비판받는 표현이기도 합니다. 이젠 더 이상 '친구'로만 여기지 말고, 감정을 개입시키지 말고 중립적인 표현을 써야 한다는 겁니다. 감정은 자칫 상대를 낮춰 보게 만들 수도 있으니까요.

그러니까 우리 헌법 제11조는 국민 기본권을 말하면서 '사회적 신분'이라는 표현을 통해 앞으로 미래에 있을 다양한 상황까지 포괄하면서 문을 활짝 열어놓은 거예요. 해석의 폭을 풍부하게 한 겁니다. 이에 앞서 제10조에서는 존엄, 가치, 행복이라는 추상적이고 포괄적인 단어로 인권을 정의합니다. 여러분, 행복이 뭡니까? 행복은 어쩌면 하얀 도화지 같은 거예요. 뭐든지 그려 넣을 수 있어요. 사람마다 굉장히 다른 답이 나올 수 있어요. 제10조와 제11조를 보면 이처럼 인권에 대해 말하면서 차별받지 않을 권리, 평등할 권리를 말하고 있습니다. 인권을 폭넓게 해석할 수 있는 여지를 만들어 놓은 거죠. 그리고 중요한 것이 헌법 제37조 1항입니다.

> "① 국민의 자유와 권리는 헌법에 열거되지 아니한 이유로 경시되지 아니한다."

이러저러한 인권을 보장해야 한다고 헌법 조문에 구체적으로 적어놓지 않았더라도 인권을 경시하지 말라는 뜻입니다. 혹시라도 법에 없다고 해서 보장받지 못할까 봐 굳이 이런 규정까지 넣은 거예요. 앞문, 뒷문을 활짝 열어놓은 겁니다. 마치 우리 한옥 구조처럼 안팎으로 바람이 통하는, 닫히지 않은 구조예요. 인권은 때로 제한할 수도 있는데, 제한할 때에도 넘지 않아야 할 선이 있습니다. 제37조 2항에는 이렇게 적혀 있어요.

"② 국민의 모든 자유와 권리는 국가 안전 보장·질서 유지 또는 공공복리를 위하여 필요한 경우에 한하여 법률로써 제한할 수 있으며, 제한하는 경우에도 자유와 권리의 본질적인 내용을 침해할 수 없다."

그렇다면 '본질적인 내용'인지 여부는 어떻게 따집니까? 이건 해석이 필요한 대목입니다. 어떤 기관이 이 일을 주로 합니까? 바로 헌법재판소예요. 정리하자면, 우리 헌법 정신은 자유와 권리는 최대한 보장하고 어쩔 수 없는 경우에만 제한하자는 것입니다. 이처럼 헌법은 우리가 누려야 할 권리와 그 성격에 관해 규정하고 있습니다. 문제는 이를 해석하고 적용하는 것과 더불어 우리가 이러한 헌법 원칙을 어떻게 받아들이는가, 하는 데에 있습니다.

헌법 제32조 1항은 다음과 같은 말로 시작합니다. "모든 국민은 근로의 권리를 가진다." 누구나 일할 권리가 있다는 건데요. 지극히 당연하면서도 한편으로는 현실적으로 이런 선언만으로는 별 의미가 없어요. 일하고 싶어하는 사람이 있어도 일자리가 없으면 일하는 것 자체가 불가능하잖아요. 그래서 바로 뒤에 따라붙는 조문이 더 중요합니다. "국가는 사회적·경제적 방법으로 근로자의 고용의 증진과 적정 임금의 보장에 노력하여야 하며, 법률이 정하는 바에 의하여 최저임금제를 시행하여야 한다." 국가가 다양한 방법을 동원해서라도 일자리를 늘려야 하고, 노동자가 적절한 임금을 받을 수 있도록 노력해야 한다고 규정하는 것입니다.

그런데도 많은 사람이, 때론 정치인들이나 심지어 대통령까지 일자리를 만드는 주체를 기업으로 생각합니다. 하지만 정말 그런가요? 기업의 목적이 뭐예요? 이윤 창출이라고 근사하게 말하지만 결국 그냥 돈 버는 게 전부잖아요. 그런데 돈을 벌려고 어떻게 합니까? 일자리를 늘리기는커녕 고용을 최대한 줄입니다. 그렇게 하는 게 훨씬 유리하니까요. 사람들에겐 일자리가 꼭 필요한데, 기업은 일자리 자체를 싫어하니 국가가 나서서 일자리를 늘려야 한다고 헌법으로 확인시켜주고 있는 것입니다. 그래서 우리가 헌법이 보장한 권리를 스스로 잘 인식해야 한다는 말씀을 드리고 싶어요. 자, 그럼 우리가 지금까지 배운 것들을 토대로 인권을 정의해보죠.

## 고통받고 싶지 않은 마음들의 연대

인권은 사람의 권리입니다. 문제는 같은 사람이어도 똑같은 대접을 받지 못한다는 겁니다. 그렇다면 어디까지 '사람'의 범위에 속할까요? 예전에는 노예를 사람 취급 안 했죠. 지금은 그렇지 않습니다. 과거보다 그 범위가 훨씬 더 넓어졌어요. 우리가 만나는 이들은 누구나 사람입니다. 그래도 쟁점은 남습니다. 어디서부터 어디까지가 사람인가 하는 것입니다. 보통은 출생부터 사망 이전까지 살아 있는 사람만을 사람으로 여깁니다. 그렇다면 태아는 사람에 속할까요, 아닐까요? 상대적으로 보수적인 체계인 법률에서도 출생 이전의 권리를 보장합니다. 심지어 사망 이후의 권리도 보장해요. '사자 명예 훼손'이라는 게 있죠. 이를 어기면 형사 처벌 대상이 됩니다. 그러니까 지금은 태어나기도 전이나 이미 죽은 다음에도 '사람의 권리'를 인정받습니다.

이렇게 인권을 보장받아야 할 사람의 범위가 늘어나는 과정이 인권의 역사입니다. 인권이란 개념이 세상에 나오게 된 것은 무의미하고 불필요한 고통을 겪고 싶지 않은 마음들이 하나둘씩 쌓이고 마침내 잘못된 현실을 바꿔나갔기 때문입니다. 태어나기 전에 죽고 싶지 않잖아요. 죽어서도 모욕받고 싶지 않아요. 살아 있는 모든 사람의 마음도 그렇습니다. 사랑하는 사람이 비록 저승에 갔더라도, 그가 모욕을 당하는 건 참기 힘든 고통이죠. 우리가 세상을 살아가면서 무의미하고 불필요한 고통을 겪고 싶지 않다는 욕구들이 인권이라는 발명품을 만들어낸 거예요.

그래서 서구에서 인권이 정착해나가는 과정을 알아보는 것도 의미가 있습니다. 우리가 교과서에서 배우는 것들도 대개 그쪽 역사와 관련이 있어요. 먼저 그 출발점을 보자면 1215년 영국에서 만들어진 대헌장, 즉 마그나 카르타를 꼽을 수 있겠습니다. 이게 뭡니까? 영국 귀족들이 당시 통치자이던 존 왕에 대든 거잖아요. 왜 이렇게 세금을 많이 물리냐면서 더는 왕이 마음대로 못하게끔 문서로 딱 받아놓은 거예요. 봉건 영주들의 권익을 위한 것이지만, 후에 권리 장전 1689년 등으로 이어지면서 봉건제가 무너지고 공화주의가 자리 잡는 데 기여합니다. 하나의 문건이 474년 뒤의 또 다른 문건에 곧장 영향을 미쳤다기보다는, 왕이라도 무엇이든 함부로 해서는 안 된다는 인식이 쌓여나갔던 것입니다. 서구 사회에서는 이것이 국민의 자유를 지키는 헌법 체계의 토대가 되었다고 평가해요.

그다음으로 배우는 게 버지니아 독립선언1776년입니다. 미국이 독립선언서를 만들기 한 달 전에 버지니아 의회가 채택한 선언이에요. 생명권과 재산권 등을 명시합니다. 여기에는 오늘날 우리 헌법에도 등장하는 행복추구권 개념도 나와요. 상당히 근대적인 인권 선언문이었다고 할 수 있어요. 그 후 필라델피아에 식민지 13개 주 대표들이 모여 발표한 게 바로 독립 선언서입니다. 10여 년 뒤에는 프랑스 혁명과 함께 '인간과 시민의 권리 선언1789년'이 나옵니다. 이러한 근대적 선언들, 인권 개념은 1919년 독일 바이마르 공화국 헌법에서 상당한 정도로 무르익게 되었다가 대한민국 헌법에도 전해집니다. 그러다 1948년 유엔의 세계 인권 선언으로 집대성돼요.

그렇다면 그 시기 우리 인류는 왜 '인권'에 주목하기 시작했던 걸까요? 어쩌면 아주 단순한 이유 때문입니다. 인권은 인권의 부재에서 나옵니다. 귀족들이 괜히 존 왕에게 요구해서 왕의 권한을 줄인 게 아니죠. 살다 보니까 자기들 권리가 없어요. 세금을 왕이 자기 맘대로 매긴단 말이죠.

근대 시민 혁명의 주역이었던 백인 남성들이 인권을 외친 이유도 마찬가지입니다. 이전의 계급 사회에서는 자기들 인권이 없었던 거예요. 그래서 생명과 재산, 사상의 자유를 요구하지요.

관용도 그렇습니다. 관용은 역설적이게도 관용이 없는 사회가 그 시작입니다. 잔혹한 상황에 놓인 사람들이 이렇게 살 수 없다 싶으니, 잔혹한 처우를 받지 않을 권리라는 개념을 만들어낸 겁니다. 비인간적인 대우를 받지 않을 권리를 요구하는 거예요.

'의식주'라는 말도 그리 오래된 것은 아니었습니다. 우리가 인간답게 살려면 최소한 먹는 것, 입을 것, 살 집은 있어야 한다는 마음들이 모여서 '의식주'라는 말을 만들어낸 겁니다. 시대적 산물이죠. 그런데 요즘은 이 말을 잘 안 써요. 우리나라에서 먹을 게 없어 굶는 사람은 많지 않으니까요. 각자 집에 있는 옷장을 살펴보면 어떨까요. 입지 않는 옷이 쌓여 있기 마련이죠. 헐벗은 사람은 이젠 별로 없습니다. 집값이 워낙 비싸서 문제이긴 합니다만, 어디든 지낼 곳이 있으면 의식주는 일단 해결이 됩니다. 우리가 교과서에서 배우는 인권의 역사와는 별도로, 인권 개념들이 등장하는 결정적인 장면에는 '인권의 부재'가 자리하고 있습니다.

그런 의미에서 인권 개념이 꼭 서구 역사를 중심으로 탄생했다고 볼 필요는 없습니다. 이미 고대 때부터 동서양 어디에서나 공통적으로 찾아볼 수 있어요.

예를 들어 우리나라 건국 신화에 나오는 '홍익인간'은 대표적인 인권 사상입니다. "널리 인간을 이롭게 한다." 기원전 2333년 전에 등장한 말이에요. 지금부터 4356년 전의 일입니다. 여기에는 인간 자체를 귀중한 존재로 보는 세계관이 담겨 있습니다. 3800년 전 바빌로니아에는 함무라비 법전이 있었습니다. 함무라비는 기원전 1792년부터 1750년까지 재위한 통치자였습니다. 우리에게는 인류 최초로 성문법을 남긴 사람으로 기록되고 있지요.

일부 내용을 소개하자면 다음과 같습니다. "법전이란 강한 자가 약한 자를 모욕하지 않게 하고 고아와 과부가 머물 곳을 갖게 해주는 것이다." "왕과 권력자들이 약한 백성을 억압하지 않는다면, 태양은 모든 사람 위를 비춘다." 멋진 표현이지요. 약한 사람들, 요즘 말로 소수자를 보호하기 위해 법을 만들었다는 이야기입니다. 물론 우리가 잘 아는 "눈에는 눈, 이에는 이"라는 표현도 나옵니다. 보통은 사람들이 일대일 복수쯤으로 이해하는 이 문장은 사실, 더 이상의 사적 응징을 막자는 취지에서 쓰였다고 보아야 합니다. 법이라는 게 그래서 만들어지는 거잖아요. 우리가 학교에서 배웠던 것 중에는 고조선의 '팔조법금'도 있습니다. 기원전 1100년쯤에 만들어진 것으로 추정되는데요. 여기도 함무라비 법전과 마찬가지로 동태복수同態復讐 형벌, 즉 같은 형태로 죗값을 갚는다는 원리를 찾아볼 수 있습니다.

고대 법률들은 범죄를 단속하고 범죄자를 처벌하는 형사적 해결책만 단순하게 제시하고 있는 것은 아니었습니다. 채무자가 흉년이 들어 곤란한 상황이 되면, 원금과 이자를 갚지 않도록 했습니다. 채권자가 채무자의 기본적인 생존권은 침해할 수 없다는 원칙을 제시한 것입니다. 법은 그 사회에서 지켜져야 할 질서를 위한 기준을 제시하고 있는데, 이때의 질서는 범죄자를 응징하는 수준에서 머무는 것이 아니라, 법의 보호를 필요로 하는 가난한 사람, 소외된 사람을 비롯해 모든 사람이 정의로운 질서의 보호를 받게 하기 위해 고안된 것입니다.

이번에는 고대 페르시아에서 제작된 키루스 원통을 볼까요. 기원전 6세기 것으로 추정되는 이 유물에는 키루스 왕의 업적이 기록되어 있는데요, 여기에는 이주 노동자에게 정당한 임금을 지급해야 한다는 내용이 나옵니다. 차별과 억압을 금지하고 여러 민족의 종교와 전통을 존중한다는 내용도 있어요. 정말 멋지지 않습니까? 당시 키루스 왕은 포로로 잡혀

온 사람들을 고향으로 돌려보내고 각 지역의 종교 시설들을 복원합니다. 기독교의 구약성경에 나오는 '바빌론 유수'가 바로 이 이야기죠.

인도의 아소카 왕은 기원전 273년에서 232년까지 재위한 왕입니다. 인도를 통일한 위대한 왕으로 추앙받고 있는 그는 불교에 관심이 많았습니다. 정벌 과정에서 전쟁의 참상을 목도하면서 폭력이 아닌 환대와 자비로 백성들을 다스리고자 했습니다. 곳곳에 사찰을 세우고 비문을 남깁니다. 그러면서 모든 생명을 소중히 여기면서 모든 이가 지켜야 할 법인 '다르마dharma, 우리가 흔히 법法이라고 이야기하는 개념'를 전파하는 데 주력했어요.

## 종교에서 만난 인권

여러 종교에서도 인권 개념을 찾을 수 있습니다. 동서양을 막론하고 '황금률'이라는 개념이 있습니다. 기독교 성경 마태오 7장에 다음과 같은 말이 나옵니다. "남이 너희에게 해 주기를 바라는 그대로 너희도 남에게 해주어라. 이것이 율법과 예언서의 정신이다." 여러분, 종교 생활을 하면서 율법과 예언서를 잘 지키면 어떻게 돼요? 구원받고 해방돼요. 천국에 갈 수 있습니다. 그러려면 어떻게 해라? 다른 사람을 대할 때 자기가 그들에게 원하는 대로 해주라는 거예요.

공자님도 똑같은 말씀을 하셨습니다. 『논어』의 위령공 편에 보면 이런 대목이 나와요. "남에게 바라지 않는 것은 다른 사람에게 행하지 말라." 자기 싫은 거 남한테 하지 말라는 거예요. 이게 공자님이 평생에 걸쳐 실천해야 할 한 가지 말씀으로 꼽은 겁니다. 이 가르침을 잘 실천하면 대인 혹은 군자가 되는 거예요. 유교적으로 완성된 인간입니다. 사람들이 공자님 말씀을 귀담아듣는 데는 이유가 있어요. 사람이 가난하든 부자이든 상관없이 공부를 열심히 하면, 도를 잘 닦으면 훌륭한 사람이 될 수 있다고 가르치기 때문이에요.

구약에 등장하는 신, 야훼는 말합니다. "내가 싫어하는 일은 아무에게도 하지 마라." "배고픈 이에게 먹을 것을 나누어 주고 헐벗은 이들에게 입을 것을 나누어 주어라." 토빗기 4장 15~16절에 나오는 말이에요.

이슬람 경전인 쿠란은 "나를 위하는 만큼 남을 위하지 않는 자는 신앙인이 아니다." 하고 가르칩니다. 이 역시 '황금률'에 대한 가르침입니다.

종교란 한자를 풀이해보면 으뜸[宗]인 가르침[敎]이에요.

다른 말로 하면 인류 역사 수천 년 동안 생명력을 가져온 최고의 가르침이라고 할 수 있지요. 그러한 종교가 공통적으로 말하는 바가 뭐예요? 바로 역지사지의 마음입니다. 내가 귀하면 당신도 귀하다. 그러니 다른 사람들에게 관대하면, 네가 바라는 걸 해주면, 네가 싫은 걸 하지 않으면 내가 바라는 세상이 된다는 거예요. 그러면 평범한 사람도 군자가 되고, 구원되고 해방되고 죽어도 죽지 않는다. 영생을 누린다는 가르침입니다. 그런데 여러분, 이런 가르침이야말로 인권 친화적이지 않나요? 우리가 지금껏 서양의 역사에서 확인해온 인권 전통이 바로 그런 마음 아닌가요?

> "너희 동족 가운데 가난한 이가 있거든, 가난한 그 동족에게 매정한 마음을 품거나 인색하게 굴어서는 안 된다."신명기 15장 7절
>
> "너희는 그에게 반드시 주어야 한다. 그리고 그에게 줄 때에 아까워하는 마음을 갖지 말아야 한다. 그러면 이 일 때문에, 주 너희 하느님께서 너희가 하는 모든 일과 너희가 손대는 모든 것에 복을 내리실 것이다."신명기 15장 10절

제가 드리고 싶은 말씀은 "네 이웃을 네 몸같이 사랑하라"는 말처럼 타인에 대한 사랑과 베풂이라는 유구한 전통이 고

대서부터 면면히 이어 내려왔다는 점이에요. 그러니 인권이 서양의 역사, 특히 미국과 프랑스에서 갑자기 생겨난 개념이라고 보기보다는 우리 안에 있는 본능 같은 거로 생각해야 한다고 봅니다. 그래야 인권이 박제화되는 걸 막을 수 있어요.

인권은 어느 한 지역에서 갑자기 생겨난 개념이 아닙니다. 조선에도 이런 전통이 있었습니다. 인간에게는 신체의 자유가 있습니다. 가장 기본적인 인권인데요. 그래서 현대 국가에서는 법에 의해서만 이를 제한하도록 하고 있어요. 조선이라고 다르지 않았습니다. 죄인을 심문하거나 처벌할 때 함부로 할 수 없도록 추국청을 두었습니다. 심문 절차도 엄격히 정하여 비록 죄를 지었다고 의심되는 이라 해도 인권을 침해하지 않게끔 노력했어요.

이처럼 우리가 '인권'이라는 이름을 붙이지 않았을 뿐이지 사실상 인권을 지키려는 노력들은 우리 역사에서 늘 있었습니다. 인권이 현대에 와서 생긴 개념이거나, 남의 나라 일만은 아닌 거예요. 물론 이러한 전통에도 불구하고 당시의 인권 개념이 곧 오늘날 우리가 말하는 것과 꼭 일치하는 것은 아닙니다. 인권이라는 개념 자체가 변화무쌍하고 시대에 따라 또한 사회 변화에 따라 바뀌기 때문입니다.

## 인권은 생명을 아낄 줄 아는 마음

한국 사회는 전체주의적 경향이 강한 편입니다. 과거엔 더 심했죠. “우리는 민족중흥의 역사적 사명을 띠고 이 땅에 태어났다”는 과거 국민교육헌장의 첫 구절이 상징적으로 보여 주듯이 개인은 안중에 없었습니다. 오로지 국가만이 중요했어요. 해방 이후 1990년대까지 특히 그랬습니다. 그러다 김대중 정권이 들어서면서 비로소 인권이 우리 사회에 조금씩 뿌리내리기 시작합니다. 최초로 국가인권위원회가 만들어지고2001년 12월 ‘남녀 차별 금지 및 구제에 관한 법률’이 제정됩니다1999년 2월. 2001년에 여성부가 신설되고 사실상 사형이 폐지되는 한편 전 국민을 대상으로 국민연금·국민건강보험이 실시돼요. 상당한 변화가 일어나지요.

인권은 어느 개인이나 집단의 전유물이 아닙니다. 인권 존중의 문화가 서양에서 시작되었으며 그들이야말로 인권 선진국이라는 시선은 그런 의미에서 매우 편협하다고 할 수 있어요. 역사적으로 볼 때 오히려 서양 문명은 반문명적이고 반인권적일 때가 많았습니다. 특히 제국주의 침략과 노예사냥 등은 용서할 수 없는 반인륜적인 범죄였어요. 심지어 지금도 흑인 차별을 정당화하고 유색 인종을 무시하는 태도를 보일 때가 많습니다.

서양은 인권 선진국인데 우리는 그렇지 않다고 생각할 이유가 없어요. 그런 의미에서 우리도 자부심을 가질 필요가 있다고 생각해요. 물론, 정권이 바뀌면서 상황이 나빠질 수는 있습니다. 그러나 중요한 것은 우리 역사에 인권의 전통이 면면히 흐르고 있으며 인권이 확대되는 방향으로 우리 사회가 계속 발전해가고 있다는 점이에요.

앞서 우리 헌법 이야기를 했는데요. 현대 사회에서 인권은 법률로 보장됩니다. 우리도 마찬가지예요. 법률은 인권의 가장 중요한 기준이에요. 그러나 안타깝게도 법을 가르치고 배우는 사람들이 이 부분을 간과하고 있어요. 한국에서 법학자들의 연구는 크게 뒷걸음질 쳤습니다. 요즘 법은 출세와 성공의 도구가 된 것은 아닌가 의심이 갈 정도입니다. 대학교 문과에서 공부 잘하는 사람들은 일순위로 로스쿨에 지원합니다. 법을 배워서 좋은 직업을 가지려는 사람들이 법 정신, 인권, 이런 데 관심을 두기는 어려워요.

법이 잘 정비되어 있어도 그 법을 운용하는 사람들, 즉 해석하고 적용하는 사람들의 인권 개념이 부족하면 그 사회의 인권은 나아지지 않아요. 우리 사회에서 인권 침해가 생기는 이유는 그 기준이 없거나 부족해서가 아닙니다. 인권을 적극적으로 해석하고 구체적으로 적용하려는 실천이 부족하기 때문이에요.

국가의 역할에 대해서도 적극적으로 생각해야 합니다. 앞서 살펴본 것처럼 우리 헌법에 따르면 적정 임금 보장과 고용 증진은 국가의 의무입니다. 그럼에도 우리는 국가에게 요구하기보다는 일자리는 기업이 만든다고 오해하는 경우가 많습니다. 국가가 챙겨줄 일이 없으니, 개인으로서는 자신의 '스펙'을 올리는 데 주력하죠. 당연히 나라가 해결해야 할 일자리 문제를 나의 부족함으로 인식해요. 우리 사회의 인권은 과거에 비해 크게 진일보했습니다. 하지만 여전히 취약한 대목이 많습니다.

인권은 멀리 있지 않아요. 바로 우리 마음에 있습니다. 그 시작은 그저 타인에 대한 연민이면 충분합니다. 『맹자』의 양혜왕 편에 보면 다음과 같은 일화가 나옵니다. 왕 앞으로 어떤 사람이 소를 끌고 갑니다. 이를 본 왕이 어디로 데려가느냐고 묻죠. 그 사람이 소를 잡아서 피를 내어 새 종을 만들기 위해 쓰려고 한다고 대답하자 왕이 대뜸 풀어주라고 합니다. 죄 없는 소가 떨면서 끌려가는 모습을 차마 볼 수 없다고 이유를 들어요. 그러자 그 사람이 묻습니다. "그러면 소의 피로 종을 만드는 작업은 어떻게 합니까?" 왕은 종을 만들면서 동물의 피를 쓰지 않을 수는 없으니 소 대신 양을 쓰라고 합니다. 그 이야기를 전해 들은 맹자는 그런 일이 있었냐고 묻자 왕은 그렇다고 대답합니다. 그러자 맹자가 말하기를 소를 잡지 말라고 하는 마음, 차마 못 하는 마음, 그 마음만으로 왕이 될 자질이 충분하다고 해요. 남들이 소 대신 양을 잡으라 했다고 비아냥대더라도 괘념치 말라고 합니다. 소는 직접 눈으로 보았기에 측은한 마음이 들었고, 양은 보지 못해서 그 마음이 들지 않았던 것뿐이라고 말합니다.

당시에 왕은 최고의 권력이었습니다. 생살여탈권을 갖고 있을 만큼 강력했어요. 그런 상황에서 동물의 생명까지 가엾이 여길 줄 아는 마음이 얼마나 소중한지를 짚어준 겁니다. 인권이 바로 그렇습니다. 너무 아프지 않았으면 하는 마음, 너무 고통스럽지 않았으면, 억울하지 않았으면 하는 마음이 출발점이에요. 지금이 조금 어려운 시기이긴 하지만, 모두 함께 마음을 모아 새로운 인권의 전망을 만들어갔으면 합니다.

인권에 대해 말하면서, 새로운 전망을 이야기하는 것은 어쩌면 무의미할 수도 있습니다. 자본주의가 시대와 자본주의 발전 단계와 아무런 상관없이 그 끝없는 탐욕을 드러내는 반인권적인 시스템이라는 것을 잘 알고 있다고 해서, 그런 패러다임을 바꾸기 위해 다양한 논의를 시작하는 게 중요한 게 아니라는 생각이 들어요. 전망은 그렇게 만들 수 없어요. 자본주의 자체를 바꾸지는 못하더라도, 우리 헌법의 공동체주의를 통해서 극복하거나 최소한 그 위험을 줄여나가는 구체적인 노력이 중요하다고 봅니다.

**청중**: 우리는 살아가면서 다양한 권리를 누립니다. 그렇다면 죽을 권리도 인권으로 볼 수 있을까요? 죽음을 선택할 수 있는 권리도 인권에 포함될까요?

**오창익**: 결론부터 말씀드리면 '존엄하게 죽을 권리'도 중요한 인권입니다. 인권에는 우열이 없어요. 작은 권리, 큰 권리가 따로 있진 않습니다. 작다고 해서 덜 중요하거나 무시할 수 있는 건 아니에요. 나에겐 작아 보이지만 굉장히 중요한 본질적인 권리일 수 있어요. 그래서 인간답게 사는 것만큼이나 인간답게 죽을 권리도 보장되어야 한다고 생각해요.

요즘은 많은 노약자분이 요양원에서 지냅니다. 병이 있으신 분도 있고 해서 그곳에서 죽음을 맞는 분도 많죠. 가족도 없이 쓸쓸하게 삶을 마칩니다. 병원 중환자실에서 죽음을 맞는 분들도 있습니다. 코로나19 때는 특히 더 그랬습니다. 이분들 인권이 잘 보장되고 있는지 살펴보아야 해요. 그래서 우리나라를 비롯하여 많은 나라에서 존엄하게 죽을 권리에 대한 논쟁이 일어나고 있죠. 무의미하고 불필요한 고통을 줄여달라는 이야기들이 있잖아요. 그렇다고 해서 인위적으로 그들의 목숨을 거두는 게 과연 옳은 일이냐, 자살 방조 아니냐, 하는 의견도 있을 수 있고요. 정말 그 사람이 인간답고 존엄하게 죽을 권리를 보장해줄 방안을 생각해야 합니다. 생명 연장 장치를 가동하는 데 비용이 많이 들어서, 존엄사를 빌미 삼아 가난한 사람들에게 죽음을 강요할 수도 있으니까요. 권리는 인정하되 악용되지 않을 방안을 찾아야 한다고 생각해요.

**청중:** 법률 용어 중에 '입법부작위'라는 게 있는데요. 우리 헌법에서 기본권을 보장하기 위해 입법해야 함을 명시했음에도 관련 법이 만들어지지 않아 헌법 취지가 이행되지 않은 상태를 말합니다. 한마디로 법이 부실해서 제대로 보장받지 못한다는 건데요. 예컨대 지금 학교에서 체벌만 놓고 보면 애매하게 진행되고 있거든요. 간접적으로 체벌이 허용되고 있는 실정입니다. 그렇다면 이를 입법부작위 사례로 헌법소원을 제기할 수 있을까요?

**오창익:** 현재 신체 폭력, 즉 체벌은 형법상 범죄에 해당합니다. 다만 교육 관련 법에 명시되어 있지는 않은데요. 그렇다

고 해서 국가가 해당 법을 만들지 않았다고 보기는 어려울 것 같아요. 다만 시행령에 의해 다른 방식의 체벌이 진행될 수는 있는데요. 이때는 당연히 상위 법에서 금한 체벌을 시행했으므로 무효가 되겠지요. 만약 학교 현장에서 체벌을 금지할 수 있는 실질적인 법률이 없다면 말씀하신 대로 해당 법을 제정하라고 촉구할 수 있겠지요.

**청중:** 언론을 통해 2018년 프랑스에서 초중등학교 교내에서 스마트폰 기기 사용을 금지하는 법안이 통과되었다는 사실을 접했습니다. 자세히 알아보니 아예 못 가져가는 건 아니고 수업 시간에 사용을 안 하는 정도였어요. 그런데 우리나라도 학교에서 핸드폰을 걷거든요. 심지어 법률도 아니고 자체 규정으로 이런 일을 합니다. 제가 보기에 이는 인권 문제와도 연결이 돼요. 우리나라는 너무 쉽게 기본권을 제한한다고 생각합니다. 그렇다고 해서 프랑스처럼 법으로 정할 사안인가, 싶기도 해요. 선생님 생각은 어떻습니까?

**오창익:** 우리가 앞서 보았던 대한민국 헌법 37조의 2는 국민의 자유와 권리는 제한할 수 있는 경우를 제한하고 있습니다. 국가 안보, 질서 유지, 공공복리 등이 그 기준이에요. 제한하더라도 '법률'에 의해야 합니다. 여기서 '법률'은 당연히

시행령의 상위에 존재하는 법이에요. 그런데 이걸 하위 법령인 시행령이나 법적 근거도 없이 자체 교칙 정도로 제한할 수는 없지요. 문제는 핸드폰 소지가 어디에 속하느냐에 대한 해석일 겁니다. 우리나라는 통신의 자유가 있습니다. 그런데 이게 타인의 수업권, 즉 '공공복리'를 해친다고 볼 수 있는지, 만약 그렇다면 그게 법으로 정해서 금지해야 할 수준의 것인지 살펴보아야 합니다.

그럼에도 어쨌든 우리 헌법상 법률이 아닌 수단으로 인권을 제한하는 건 뭡니까? 헌법 위반이에요. 따라서 수업 시간에 교칙을 근거로 아이들로부터 핸드폰을 압수한다, 누군가 여기에 헌법소원을 제기한다면 아마도 헌법재판소는 이런 식으로 판단할 거예요. 핸드폰을 수거 또는 보관할 필요가 있다 하더라도, 그래서 그것이 교육의 목적을 달성하는 데 꼭 필요한 일이라 하더라도 법률에 따라야 한다. 그러니 관련 법률을 제정하라. 기본권 제한은 법률로 한다는 것이 우리 헌법의 원칙입니다.

# 인권

3

## 인권과 평화

김종대

## 김종대

군사 전문지 〈디펜스21+〉 편집장을 맡아 운영했다. 국방부 병영문화혁신위원회 위원과 평화네트워크 운영위원장 등을 맡았고, 현재 자타가 공인하는 최고의 군사 안보 전문가로 활동하고 있다. 쓴 책으로는 『위기의 장군들』, 『서해 전쟁』 등이 있고, 함께 쓴 책으로는 『김종대 정욱식의 진짜 안보』 등이 있다.

# 3. 인권과 평화

안녕하세요. 김종대입니다. 이번 강의는 '인권과 평화'입니다. 평화와 관련해 그동안 많은 강의를 했습니다만 여전히 어려운 주제예요. "평화가 뭐야?" 이렇게 따지고 들기 시작하면 답을 찾기가 어려워요. 제가 대학원에서 국가 안보, 위기관리 등을 가르치는데요, 강의를 질문으로 시작합니다. 수업을 듣는 분들이 대부분 석사 과정에 있는 직장인들이에요. 주로 청장년층들입니다.

## 오래된 상처, 우리 안의 침묵

수업을 시작하면서 질문을 던집니다. “한국 전쟁 때 여러분 가족이나 친척 중에 다쳤거나 실종됐거나 돌아가신 분 있으면 손 들어 보세요.” 하고 물어요. 그러면 100명 중 2~3명이 손을 듭니다. 그러면 제가 다시 숙제를 내주죠. 집에 가서 어른들에게 확인한 후에 다시 답을 달라고 합니다. 다음 수업 때는 30~40%가 손을 듭니다. 이런 숙제를 거듭 내주다 보면 나중에는 거의 70%가 손을 들어요. 여러 대학에서 같은 질문을 던졌는데 거의 비율이 같아요.

한국 전쟁은 우리나라 국민의 모든 가정에 큰 영향을 미쳤습니다. 이를 피해 간 사람이 없어요. 먼 친척 중에라도 반드시 전쟁으로 죽거나 다친 사람이 있습니다. 그런데 왜 처음에는 두세 명만 손을 들었을까요? 우리나라 부모들에게는 어떤 묵계가 있습니다. ‘전쟁 때 이야기를 자식들한테 하지 않는다.’ 이게 우리 아버지, 어머니 세대의 암묵적 약속이에요. 이상한 일이죠. 보통은 슬프고 힘들었던 일, 놀라운 경험은 가족끼리 알게 되거든요. 그런데 유독 한국 전쟁 이야기만큼은 꺼내지 않습니다. 저는 이 사회적인 침묵이 대단히 의아해요. 왜 그럴까요?

독일이나 중국 같은 데를 가서 현지 텔레비전을 켜잖아요. 그러면 꼭 전쟁 이야기가 나와요. 채널을 돌리다 보면 항상 만나게 됩니다. 학교에 가도 근현대사 전쟁에 관해 가르쳐요. 나치가 왜 문제인지, 군국주의가 왜 나쁜지, 이걸 가르치지 않는 나라가 없어요. 그런데 이상한 일이죠? 우리는 이런 주제를 피합니다. 제가 보기에 이는 한국 사회의 가장 독특한 특징이에요. 그래서 우리에게 단절이 있습니다. 중간에 기억 하나가 어디론가 사라졌어요.

여기에는 여러 이유가 있을 겁니다. 초현실적인 비극성, 그 참상이 너무도 커서 감당하기 어려운 나머지 말조차 꺼내지 못합니다. 우리 기억 속에는 희생자의 원혼들이 가득해요. 그런데 말하지 못해요. 거의 실어증에 걸린 상태입니다. 그래서 비극이 비극으로 느껴지지 않아요. 오랜 냉전과 분단 경험도 입을 닫게 한 원인입니다. 까딱 말 잘못 꺼냈다가는 잡혀가는 시절을 우리가 겪었어요. 전후 박정희 대통령 때까지 연좌제라는 게 있었습니다. 가족 중에 북한 관련 혐의가 있는 사람이 있으면 그 자손은 육군사관학교 입교가 안 됩니다. 공무원 임용도 안 돼요. 신원조회에서 걸립니다. 내 잘못도 아닌데 불이익을 당하는 거예요. 가족 중에 월북한 사람도 있고 인민군이었던 사람도 있을 거 아니에요. 이해관계가 복잡하게 얽혀 있는 상황에서 전쟁에 관한 역사적 정리도 안 되어 있어요. 이런 상황에서 과거를 드러내고 말할 수 없습니다. 전쟁은 끝났지만 이 문제를 직시할 기회가 없었던 겁니다.

앞서 질문에 손을 든 사람이 70%나 됐다고 말씀드렸습니다. 손 든 사람은 물론 저를 포함해 그 자리에 있는 모두가 놀랍니다. 전쟁의 비극이 여전하구나, 바로 내 가족이 그 희생자였구나, 무언가 우리 안에 있구나, 하고 느낍니다. 이런 깨달음만으로도 충분히 많은 것을 배우게 돼요.

그래서 저는 한국 전쟁의 후유증을 제대로 살피지 못한 것이 오늘날 대한민국의 가장 깊은 문제이자 불행이 아닐까 생각해요. 그런 면에서 저는 평화라는 주제로 이야기할 때 마음이 무겁습니다. 이 부분을 피해갈 수 없잖아요. 그래서 오늘 인권 이야기도 전쟁과 평화라는 관점에서 말씀드리고자 합니다.

## 전쟁을 보는 두 개의 관점

여러분은 '전쟁'에 대해 어떻게 생각하십니까? 제가 전쟁 관련 연구를 찾아보면 크게 두 가지 관점이 있는 것 같아요.

첫째는 국제 분쟁을 해결하는 유용한 수단으로 보는 관점입니다. 전통적이고 현실적인 시각이죠. "전쟁은 정치의 연장이자 수단이다." 그 유명한 클라우제비츠가 한 얘기죠. 프로이센의 군인이자 군사 이론가였던 이 사람은 '전쟁의 삼위일체론'을 주장했어요. 전쟁이 일어나려면 세 가지 조건이 충족돼야 한다는 이야기입니다. 하나는 원초적 적개심의 집단적 형성입니다. 그다음이 전쟁으로 얻는 합리적 이익이에요. 땅을 뺏는다든가, 돈을 번다든가 하는 이득이 있어야 전쟁이 발발합니다. 마지막은 아주 클라우제비츠다운 발상인데요, '모험을 감행할 용기'입니다. 불확실성을 감당해야 한다는 뜻입니다. 모든 전쟁은 불확실하잖아요. 반드시 승리하리라는 보장이 없습니다. 클라우제비츠는 이들 조건이 충족되면 정치의 연장으로 전쟁을 선택한다고 말해요. 이들이 보기에 전쟁은 문제를 해결하는 유효한 수단이자 적극적으로 고려해야 하는 수단이니까요.

여러분 혹시 "평화를 원하거든 전쟁을 준비하라"는 말 들어보셨나요? 고대 로마의 군사 전략가 베게티우스가 쓴 병법서의 한 구절입니다. 호전적인 정치 지도자들이 특히 많이들 인용합니다. 바로 전쟁 유용론, 즉 무력을 적극적으로 인정하자는 사상입니다. 이들이 보기에 세계는 질서가 없는 무정부 상태입니다. 스스로 지켜야 하는 사회예요. 시민 사회에서는 갈등이 생기면 국가나 정부, 치안 기관이 나서서 해결합니다. 이를 위한 법체계가 갖추어져 있어요.

그런데 국제 질서는 그렇지 않다고 생각합니다. 사회주의든 자본주의든 민주주의든 권위주의든 체제와 상관없이 국가의 본성은 똑같다고 생각해요. 그러니 자력 구제가 유일한 생존 방법입니다. 이런 세계관을 '당구공 모델'이라고 합니다. 계속 충돌하면서 굴러가요. 그러니까 이런 상황에서 전쟁은 좋고 나쁘고의 문제가 아니라 영원한 숙명입니다. 국가는 적극적으로 전쟁을 준비해서 대외 문제를 해결해야 해요. 이러한 사고방식은 오늘날 주류를 이루고 있습니다. 특히 분단 상황인 우리나라에서 더 큰 힘을 발휘하고 있죠.

다른 관점도 있어요. 전쟁은 국제 분쟁 해결 수단으로 유용하지도 않고 그 자체로 반문명적인 행동이라고 봅니다. 그 뿌리를 거슬러 오르다 보면 임마누엘 칸트의 영구 평화론을 만납니다. 오늘날 평화학은 다 여기서 나온 거예요. 이후로 평화주의 사상의 줄기들이 지금까지 이어져 온다고 볼 수 있습니다. 칸트는 전쟁이 사라진 세상, 영구 평화가 가능하다고 봤습니다. 그런데 여기에는 두 가지 조건이 있어요. 하나는 모든 나라가 공화제를 채택해야 한다는 것입니다. 군주제나 신정 일치 국가 없이 모든 나라가 공화정일 때 가능합니다. 지금 식으로 말하면 국제 사회에 민주주의의 정착이 필요하다는 거죠. 그다음이 국제 교류입니다. 공화주의 국가들끼리 서로 소통해야 해요. 그러면 세상에서 전쟁이 사라진다는 이상주의를 펼칩니다. 이러한 생각은 미국의 윌슨 대통령이 주도한 국제 연맹의 기본 사상이기도 합니다. 문제는 이러한 전쟁 무용론이 정교하게 다듬어져 좀 더 실용적인 이론 체계를 갖추어야 하는데 다분히 이상적 접근이 되다 보니까 주류 사상에 밀린다는 점입니다. 국제 연맹도 그래서 실패했죠.

역사학자 카E.H. Carr는 『20년의 위기』라는 책에서 이러한 이상주의를 비판합니다. 전쟁 무용론을 얘기한 이상주의에는 세 가지 문제가 있다고 해요. 첫째는 진보에 관한 맹신입니다. 윌슨 대통령이 제1차 세계 대전이 끝나고 국제 연맹을 만듭니다. 그러면서 다른 나라들이 손쉽게 동화되고 통합될 수 있다고 봤어요. 카는 이러한 사고가 대단한 오류이자 역사적 경험하고 일치하지 않는다고 비판합니다. 인간 사회는 늘 앞으로 나가는 것이 아니에요. 퇴행이 있을 수 있고 문명에서 야만으로 가기도 하는, 이런 위험을 우리가 안고 있음에도 우리 본성에 관해 낙관한다는 거예요.

두 번째는 권력이라는 요소에 무지했다는 겁니다. 국가는 대내외적으로 권력을 추구하는 속성이 있습니다. 하나는 군사 권력, 다음이 경제 권력, 마지막이 특이하게도 '의견 권력 power over opinion'입니다. 의견 권력이 뭘까요? 예를 들어 현실에서 힘도 없고 돈도 없어요. 그런데 유튜브에서는 발언권이 매우 세요. 게다가 구독자들이 열광적이에요. 이처럼 여론을 조성하는 권력, 이것도 권력이에요. 각 나라가 유엔 안보리 상임 이사국에 진출하려는 이유가 뭡니까? 그 자체로 돈이 되는 것도 아닌데 말이에요. 발언권이 세지는 겁니다.

카에 따르면 국가는 이런 권력들을 갖고 싶어 합니다. 결국 국가의 속성은 딱 세 가지예요, 군사력을 키워서 안보를 추구하고 경제 규모를 키우려고 합니다. 요즘 미·중 관계가 왜 나빠졌습니까? 결국 먹고사는 문제잖아요. 무역이 가장 큰 이슈입니다. 제1차 세계 대전 때 영국과 독일이 왜 전쟁을 벌였습니까? 제조업 경쟁을 하다가 부딪쳤죠. 북한은 또 어떻습니까? 북한에 아무리 독재다, 인권 무시한다 이야기해도 별 반응이 없습니다. 그런데 의견 권력을 건드린다면 달라집니다. 만약 요즘 북한이 공들이는 미사일 기술이 형편없다고 논평하면 바로 받아칠 거예요. 자기들이 한 말의 신빙성을 건드리면 의견 권력이 위협받기 때문입니다.

카가 전쟁 무용론, 즉 이상주의를 비판한 세 번째 대목은 나라마다 이해관계가 다른데도 마치 전 세계를 공동의 목적을 가진 하나의 공동체로 간주했다는 거예요. 예를 들어 전 지구적인 기후 위기가 큰 문제로 떠오르고 있습니다. 그래서 전 세계가 힘을 모아 온실가스를 줄이고 화석 연료를 사용하지 말자고 합니다. 당연한 일이고 모두에게 이익인데 왜 잘 안 될까요? 나라마다 손익이 다르기 때문이에요. 이상주의자들이 이런 현실을 무시했다는 겁니다. 한마디로 순진했다는 거예요.

최근에도 우리는 이런 현상을 목격했죠. 코로나19 팬데믹 사태 때 국제보건기구WHO의 대응이 어땠습니까. 바이러스가 퍼질 대로 퍼진 상태에서 뒤늦게 비상사태를 선포했어요. 국가 간 협력을 이끌어 내지도 못했어요. 그래서 카가 보기에 공동의 이익이 아닌 개별 국가의 이익이 세계를 움직여요. 상당히 비관적 인식입니다.

그렇다면 카는 왜 굳이 이런 이야기를 했을까요? 바로 두 차례의 세계 대전 때문입니다. 제1차 세계 대전이 끝나고, 국제 협력을 도모하고, 국제 연맹을 만들면서 다시는 전쟁이 없을 거로 믿었어요. 그런데 얼마 지나지 않아 제2차 세계 대전이 일어나버린 거죠. 역사학자로서 카는 답을 찾고 싶었습니다. 그래서 비관이나 좌절에 빠지지 말고 '처음부터 다시 성찰해보자.' 하고 제안한 거예요. 저는 카가 이상주의적 평화가 아니라 갈등이 만연하는 현실을 직시하고 치열하게 실천하는 과정으로서 평화를 말했다고 봅니다.

## 산업화가 불러온 대량 살육전

세계 대전 이전 사람들은 전 지구적인 대규모 전쟁이 일어날 거라고는 생각 못 했어요. 대표적으로 얀 블로치라는 인물이 있었습니다. 19세기 사람인데 아주 독특한 이력의 소유자예요. 폴란드 은행가였는데 사재를 털어가며 전쟁을 연구했습니다. 놀랍게도 이 사람은 당시로서는 미래였을 현대전의 양상을 정확히 예측했어요. 대규모 살상 무기가 등장하는 전쟁을 상상합니다. 그런데 이러한 놀라운 분석에도 불구하고 이 사람이 내린 결론은 순진했습니다. 무기들의 살상력이 너무 끔찍해서 전쟁은 일어나지 않을 거로 봐요. 그런데 결과는 그렇지 않았죠. 그가 예측한 지 얼마되지 않아 1차 세계대전이 발발하여 4000만 명이 사망합니다.

비슷한 시기 영국 태생 정치인인 얀 스뮈츠라는 사람은

1918년에 낸 논문에서 공중 폭격을 예언합니다. 비행기가 하늘을 날면서 폭탄을 떨어뜨릴 거로 예측해요. 주변 반응은 냉담했어요. 문명국이 그런 전쟁을 벌일 리가 없다는 겁니다. 그러나 사람들의 순진한 기대와는 달리 제2차 세계 대전에 비행기 폭격이 이뤄지고 전쟁은 6000만 명에 이르는 사망자를 냅니다.

산업 혁명의 생산력이 곧바로 전쟁의 파괴력으로 연결된 거예요. 대량 생산은 대량 살육을 의미했습니다. 당시 많은 학자가 이를 예측했으면서도 '설마 그러겠어?' 하며 반신반의했어요. 그러나 전쟁은 참혹했고 문명국이라면 절대 하지 않을 일이라고 예언했던 일들은 거의 다 현실이 되었습니다. 제2차 세계 대전은 핵폭탄이라는 전대미문의 대량 살상을 맞고서야 끝납니다. 바야흐로 핵전쟁의 시대가 도래한 거예요.

문명은 인간에게 부와 행복을 가져다주지만 문명이 이룩한 생산력은 전쟁에도 그대로 쓰입니다. 그러면서 전쟁에 대한 관념이 산업화 이후 싹 바뀌어요. 제1·2차 세계 대전을 계기로 전쟁의 양상이 바뀝니다. 이제 전쟁은 '총력전'이자 '절멸전'이 되었어요.

총력전이란 '적국의 신경 중추와 주요 동맥을 파괴하여 전쟁을 종식시킨다'는 군사사상입니다. '중심 이론'이라고도

해요. 산업과 정치의 중심을 파괴해서 전쟁 수행 능력을 없앤다는 뜻입니다. 그래야 전쟁이 끝난다는 거예요. 이때 공중 폭격이 중요한 전술이 됩니다. 전쟁에 관한 생각이 이렇게 바뀌면서 미군 장교였던 빌리 미첼과 이탈리아 군인인 줄리오 두헤 같은 공군력 옹호론자들이 등장합니다. 그러면서 '전략 폭력 이론'이 나와요.

우리나라 대통령이 미국에 다녀오면 가장 먼저 등장하는 게 바로 전략 폭격기입니다. "미국의 전략 폭격기가 한반도에 전개됐다." 이런 뉴스 많이 나오잖아요. 이런 기종에는 B-52, B-26, B-1처럼 앞에 '폭격기bomber'를 뜻하는 'B'가 붙어요. 오늘날 이런 폭격기 한 대의 파괴력은 어마어마합니다. 히로시마, 나가사키에 떨어진 원자 폭탄이 수십 발씩 실립니다. 폭탄 하나당 위력은 그때보다 훨씬 더 커졌고요. 그런데 제2차 세계 대전 이후 계속 발전하던 폭격기가 요즘은 주춤합니다. 바로 미사일 때문이에요. 1960년대부터 미국과 구소련 간 미사일 개발 경쟁이 시작됩니다. 그러면서 전쟁 무기 주도권이 폭격에서 미사일로 넘어가죠.

한편 앞서 말씀드린 줄리오 두헤는 1921년에 『제공권』이라는 책에서 군중 심리 이론을 제시합니다. 폭격으로 민간인을 공격하면 통제 불가능해진 군중들이 자기 정부에 항복을 요구할 거라고 예상해요. 이게 전쟁을 끝내는 가장 좋은 방법이라고 주장해요. 이는 현대전에서도 적용되고 있는데요. 그 결과 민간인 사망자 비율이 급속히 높아집니다.

제1차 세계 대전 때 40%였던 민간인 사망자 비율이 폭격기가 등장한 제2차 세계 대전 때는 69%로 늘어나요. 이후에 벌어진 한국 전쟁에서는 제2차 세계 대전에 소비한 폭탄의 두 배를 한반도 좁은 공간에 투하했습니다. 사망자 중에 민간인 비율이 85%였어요. 한국 전쟁의 비극성도 여기에 있고요. 누구도 피해갈 수 없는 폭격이 한반도 민중의 일상을 바꿔놓은 거예요.

## 현대전의 양상

총력전과 더불어서 나타난 또 하나의 개념이 '절멸전'인데요. '인종 청소'를 떠올리면 이해가 쉽습니다. 이 역시 산업 혁명의 산물이에요. 그전에는 군사적으로 승리하면 전쟁이 딱 끝났어요. 현대전은 군사적 승리에 그치지 않습니다. 경제, 사회, 문화적인 질서를 새롭게 요구할 수 있을 때 비로소 승리로 봅니다. 받아들여지지 않으면 모두 없애는 거예요. 공포를 강요함으로써 굴복시키면 전쟁이 끝난다고 봅니다.

나치의 유대인 학살도 그랬어요. 이는 우연히 일어난 사건이 아닙니다. 치밀한 계획하에 단계적으로 진행되죠. 1단계는 격리입니다. 유대인 구역을 만들죠. 2단계는 몰수, 재산을 빼앗습니다. 3단계는 추방, 수용소가 만들어지죠. 4단계는 뜻밖에도 이주였습니다. 섬 같은 곳으로 모두 보내려는 계획을 세웠어요. 이때 후보지가 동아프리카의 섬 마다가스카르였습니다. 그런데 이주비가 너무 많이 들어요. 그래서 이를 폐기하고 대신 5단계인 가스실로 보냅니다. 이 과정을 유대인 위원회에서 통제합니다. 모두를 없애는 것이 최종 목적지였어요. 바로 절멸의 사상, 인종주의예요.

러시아와 우크라이나 전쟁에서도 등장합니다. 푸틴의 대국민 연설문에 러시아는 유럽이 아니라 아시아라는 대목이 자주 나옵니다. 우리는 미국이나 유럽 같은 서방과 달리 독자적 문명이라는 메시지예요. 러시아 국민들에게 보내는 위력적인 프레임이죠.

과거 일본 제국주의가 내세웠던 대동아 공영권도 같은 맥락이에요. 서구 세력에 맞서 아시아끼리 단결하자고 했잖아요. 전쟁이 격화되면서 인종주의로 진화합니다. 그러면서 상대방을 공존이 불가능한 다른 인간, '우리'와 구별하고 분리해야 할 타자로 규정합니다. 전쟁은 곧 절멸로 향합니다.

산업화로 커진 생산력이 인종주의와 결합하면서 대량 살상으로 이어져요. 인간은 결코 합리적으로만 사고하지 않아요. 클라우제비츠가 얘기한 적개심이 전쟁을 일으킵니다. 미개한 인종 혹은 '우리'와 다른 저 민족을 힘으로 밀어붙이면 항복할 것이라는 전제에서 출발합니다.

적을 완전히 굴복시킨다는 개념은 '잠재적인 적'에게도 적용됩니다. 그리스 역사가 투키디데스가 쓴 『펠로폰네소스 전쟁사』에 보면 이런 말이 나옵니다. "모든 전쟁이 일어나는 이유는 전쟁이 일어날 것이라는 믿음 때문이었다." 당시 지중해 패권국은 스파르타였어요. 그런데 가만히 보니까 아테네가 점점 부강해져요. 불안해집니다. 언젠가는 아테네가 쳐들어올 것이라고 믿어요. 결국 이런 믿음이 실제로 전쟁을 일으킵니다. 지금도 그렇죠. 당하기 전에 먼저 공격한다. 이른바 '예방 전쟁', '선제적 공격'이라는 말을 합니다.

다시 말씀드리지만, 산업 시대의 전쟁은 기계의 힘에 의한 대량 살육이었습니다. 그런데 현대에 오면서 그 양상이 크게 바뀝니다. 우선 '전쟁의 내전화'를 꼽을 수 있습니다. 지금 러시아-우크라이나 전쟁이 벌어지고 있기는 하지만 빈도를 보면 오늘날 국가 간 전면전은 과거에 비해 크게 줄어들었습니다.

1990년의 걸프 전쟁부터 지금껏 전쟁으로 희생된 사망자가 약 20만 명입니다. 그 자체로 매우 안타까운 일이지만 전쟁이 그전보다 줄어들기는 했습니다. 캐나다의 심리학자 스티븐 핑커는 2011년 출간한 『우리 본성의 선한 천사』라는 책에서 "확실히 21세기의 폭력은 줄었다"고 선언할 정도니까요.

하지만 전쟁이 꼭 나라끼리 벌이는 것만은 아니죠. 오늘날 전쟁의 특징은 내전입니다. 국가 간 전쟁은 줄었지만 국가 안에서 벌어지는 전쟁은 더 심각해졌어요. 1990년대 콩고 내전만 해도 무장 파벌들이 주도권 다툼을 벌이는 과정에서 500만 명이 희생당합니다. 20여 년 전 시작된 소말리아 내전은 지금도 진행 중이에요. 내전이 끝없이 이어집니다.

10년 넘게 내전 중인 시리아는 무려 350만 명에 이르는 난민이 자국을 탈출합니다. 이들이 유럽으로 몰려들면서 유럽의 정치 지형이 바뀌었죠. 극우 정당이 약진합니다. 중동과 아프리카 지역에서 무수히 많은 사람이 죽거나 다치고 또 이를 피해 주변국으로 피난 갑니다. 이처럼 한 사회 내부의 구조적 폭력과 무력 분쟁이 결합하고 있는 양상이 오늘날 전쟁의 특징이에요. 1990년대 이후 내전으로 인한 사망자가

1200만 명에 이른다는 사실이 이를 잘 보여줍니다. 그렇다면 구조적 폭력이란 무엇일까요?

## 직접적 폭력에서 구조적 폭력으로

노르웨이 사회학자 요한 갈퉁의 이야기를 들어보겠습니다. 그는 직접적인 폭력이 가시적이며 파괴적이고, 남을 해치려는 의도로 행사되는 데 반해 구조적 폭력은 눈에 보이지 않고, 의도적이지 않으며 천천히 해를 끼치지만 매우 파괴적이라고 지적해요. 예를 들면 불평등, 기후 난민, 남녀 차별, 산업 재해, 아동 학대 등이 그렇습니다.

제2차 세계 대전 중 런던이 공습당합니다. 폭격으로 사람들이 죽어요. 직접적인 폭력입니다. 그런데 그때 아동들을 보호하려고 부모와 떼어놓습니다. 그러자 영유아 사망률이 전쟁터에 있을 때보다 높아져요. 분리로 인한 정서적 충격을 고려하지 못한 거예요. 이런 부분이 바로 구조적 폭력입니다. 요한 갈퉁은 이처럼 21세기 분쟁의 양상이 직접적인 폭력에서 구조적·문화적인 방향으로 이행하고 있다고 봅니다. 내전은 한 사회의 구조적 갈등을 해결하지 못하고 결국 곪아

터지면서 무력 충돌로 이어진 상황이라고 할 수 있어요.

문화적 갈등도 있지요. 최근 인도에서 모디 총리가 과학 교과서에서 주기율표를 지우고 진화론은 가르치지 말라고 지시했습니다. 힌두교 교리에 어긋난다는 게 이유였어요. 대신 힌두교 교리를 가르치라고 합니다. 다른 문화권 사람들에게는 이 또한 폭력입니다. 야당 대표가 총리를 비판하자 명예훼손으로 실형을 선고해요. 인도에 총리와 같은 이름을 쓰는 사람이 수백만 명이 있는데 그가 이들의 명예를 훼손했다는 이유였어요. 참으로 황당하고 만화 같은 이야기가 현실에서 벌어진 거예요. 그 일이 있고 난 뒤 스웨덴의 민주주의 다양성 연구소J-DEM에서 인도를 민주주의 국가 목록에서 제외합니다.

인도는 마하트마 간디와 네루의 나라예요. 영국 식민지였던 어려운 시절에도 결국 독립을 쟁취하고 민주주의를 이뤄낸 나라입니다. 그랬던 나라가 지금 신정 일치로 가고 있어요. 거대한 문화적 폭력이 자행되고 있습니다.

그러면 어떻게 할 것인가, 요한 갈퉁은 평화를 '갈등을 비폭력적 수단을 통해 창조적으로 해결하는 능력'으로 봅니다. 갈등을 해소하고 평화적으로 공존할 방법이 마련되어 있느냐, 이것이 평화의 핵심이에요. 그러려면 상상력이 필요합니다. 충분히 훈련되어 있어야 해요. 최근 우리 사회도 갈등이 깊어지면서 문화 투쟁의 양상으로 진화하고 있습니다. '묻지마 범죄', 젠더 갈등, 정치적 갈등, 세대 갈등이 문화적 대결로 이어지고 있습니다. 우리 사회의 평화를 위협하는 새로운 변수들이에요. 이를 완화하고 공존을 모색할 비폭력적인 방안을 강구해야 합니다.

지금까지 현대전의 새로운 양상으로 내전과 구조적·문화적 폭력을 말씀드렸고요. 그다음이 정보화 시대의 출현으로 인한 '하이브리드 전쟁'입니다. 네트워크 전쟁, 또는 중국 말로 초한전超限戰으로 불립니다. 한계를 초월했다는 뜻이죠.

그 특징은 다음과 같습니다. 우선 정규전과 비정규전이 결합한 '복합 전쟁'의 출현입니다. 예를 들면 생태전, 이념전, 법규전, 경제전, 정보전 등이 있겠고요. 이러한 전쟁은 공동체 내부의 갈등 요인에 공격을 집중합니다. 사이버전에 의한 선거에 개입하거나 불평등과 혐오를 조장하는 여론전을 펼치죠. 에스앤에스SNS 등을 통해 대중의 의식과 심리를 조작합니다. 또한 해킹 등 현대 정보통신 기술IT을 활용한 네트워크 공격 등이 이루어져요.

예를 들어 러시아의 바그너 용병 그룹이 있습니다. 이들이 유명해진 계기가 미국 대통령 선거 개입이었어요. 트럼프와

힐러리가 맞붙었을 때 미디어 플랫폼을 이용해 힐러리를 비난하는 메시지를 퍼뜨리는 식으로 선거 운동에 개입했어요. 이들은 미디어 장악 능력도 뛰어나고, 소셜 네트워크에 능수능란합니다. 사이버 공간은 상당히 문화적인 장소예요. 여기서 활동하면서 사람들의 의식과 심리를 조작합니다.

제가 러시아-우크라이나 전쟁을 연구하면서 이를 확인했어요. 우크라이나군이 전쟁 중 사망한 러시아 병사의 신원을 확인하는 데 안면 복원 기술이 동원됩니다. 사진을 찍어서 업로드하면 5분 안에 95%의 정확도로 신원이 나와요. 미국의 신생 스타트업 기업인 클리어뷰에서 제공한 기술입니다. 일단 이렇게 신원이 확보되면 두 번째 작전에 돌입합니다. 러시아 내부망에 침투해서 가족이나 친지를 찾아내요. 그런 다음 러시아 정부보다 먼저 이 병사의 사망 사실을 통보합니다. 지고 있다는 사실조차 모르게 하면서 지게 만드는 심리전이죠.

그런데 클리어뷰는 페이스북, 인스타그램, 트위터로부터 고소당한 전력이 있어요. 혐의는 개인 사진 무단 도용으로 인한 개인 정보 침해입니다. 이로써 미국 내 활동은 위축됐지만 전쟁터는 이들에게 해방구나 다름없었습니다. 이 업체는 전쟁 초기에 러시아 내 인물 사진을 2억 장 가량 확보합니다. 지금은 전 세계의 인물 사진 2000억 장 정도를 갖고 있다고 해요. 어마어마한 양이죠. 전 세계 3700여 개의 기관과 계약을 체결해 빅데이터를 수집한 거예요. 그 안에는 법원 같은 사법 기관, 경찰 같은 수사 기관이나 교정 기관 등이 있었습니다. 이게 최고의 알고리즘 전문가들이 지난 2년간 벌인 일이에요. 전쟁이 회사를 살린 셈입니다.

지금 우리는 네트워크상에서 어떤 일이 벌어지는지 잘 몰라요. 여러분이 구글로 세상을 검색한다고 생각하지만 그건 착각이에요. 미안하지만 구글이 여러분을 검색하고 있습니다. 그게 진실이에요. 지금도 구글은 여러분의 취향, 식성, 정치 성향은 물론 아주 세세한 특징들을 데이터화하고 있어요. 데이터는 여러분을 조각냅니다. MBTI 유형 아시죠? 스키너의 행동주의 이론에서 나온 거예요. 한 사람을 16개 성격 유형으로 나누어 설명합니다. 구글은 이보다 훨씬 더 세분화해서 당신을 규정합니다.

빅테크 기업에게 여러분은 천연자원이나 마찬가지예요. 여러분의 검색으로 데이터를 축적하고 이를 통해 엄청난 수익을 올립니다. 맞춤식 광고가 들어가고 여러분이 좋아하는 콘텐츠를 제시하면서 잠시도 스마트폰에서 눈을 떼지 못하게 만듭니다. 한마디로 미디어에 계속 종속되는 거예요. 그러면서 자신에 대한 통제력을 빼앗깁니다. 자율적 주체로서 판단하는 게 아니라 수동적으로 반응해요. 나라는 존재는 커다란 네트워크 속으로 사라져버려요. 바야흐로 폭력이 사람을 지배하던 시대에서 사람 자체를 조작하는 시대로 바뀐 거예요. 인권의 기본 전제인 '주체'를 상실합니다. 근대적 의미에서 인권은 자율적 주체인 '개인'에서 출발합니다. 영어 'individual'의 뜻이 뭡니까? 'in', 부정의 뜻을 담은 접두사죠. 'dividual', 나누어진다는 뜻입니다. 그러니까 개인은 마치 원자처럼 더는 '나눌 수 없는 존재'예요. 그런데 정보화 시대에는 이 전제가 깨집니다. 한 사람의 개인을 각종 지표로 나누고 분류해요.

## 평화를 가져오는 민주주의

지금까지 우리가 직면하고 있는 새로운 전쟁 혹은 폭력의 양상을 말씀드렸는데요. 그렇다면 우리는 이러한 변화에 어떻게 대처해야 할까요. 핵심은 바로 '평화'입니다. 갈등을 평화적으로 해결하면서 적극적으로 평화주의를 모색해야 해요. 그러나 이 평화주의가 이상주의와는 분명히 다르다는 점은 앞서서 말씀 드렸습니다.

세계는 지금 새로운 위기를 맞고 있습니다. 일자리 축소와 자본 약탈, 신보호주의 장벽, 환율 전쟁, 기후 위기 등 따지고 보면 끝이 없어요. 그런 상황에서 민주주의도 위협받고 있습니다. 인도, 헝가리, 폴란드, 이스라엘, 우리나라도 예외가 아니죠. 요즘 정치학에서 '선거 독재'라는 말이 유행할 정도입니다. 비관적이고, 우울한 전망이 나오는 가운데 평화를 모색하는 일이 가능할까요? 하나는 앞서 말씀드린 요한 갈퉁의 비폭력적 갈등 해결이 있겠습니다. 그러려면 국제 거버넌스국제 기구, 국제법, 경제적 교류를 통해 상호 협력해야 합니다.

요한 갈퉁은 평화를 소극적 평화와 적극적 평화로 나누어서 생각했습니다. 소극적 평화가 단순히 전쟁이 없는 상태를 뜻한다면 적극적 평화는 그 전쟁의 원인인 갈등의 창조적 해소를 포함해요. 사람도 건강하려면 평소 식습관을 잘 만들고 운동을 해야 하잖아요. 평화도 그렇습니다. 위험 요소를 관리 가능한 영역으로 진입시켜야 합니다. 폭력은 위험과 갈등을 키울 뿐입니다. 그런 의미에서 '힘에 의한 평화'는 형용 모순이에요.

남북 관계를 예로 들면 정전 협정을 잘 관리하고, 자주 국방력을 강화하고, 한미동맹을 강화해서 현재의 평화를 잘 유지한다는 게 지금의 평화 확보 정책입니다. 그런데 갈수록 불안 요소가 쌓여요. 그래서 다음으로 이야기되는 게 한반도 비핵화와 평화 협정 체결, 종전 선언이죠. 남북한 교류 협력을 통해 평화의 토대를 구축하자는 겁니다. 단순히 전쟁하지 않는 휴전 상태는 소극적 평화에 불과해요. 적극적으로 위험 갈등 요소를 하나씩 관리해나가는 게 적극적 평화입니다.

한편에서는 힘의 우위를 통한 평화를 말합니다. 우리가 앞서 주류 전쟁 이론에서 살펴보았죠. "전쟁은 정치의 수단이자 연장이다." "평화를 원하는 자 전쟁을 준비해라." 이런 논리에 대항해야 합니다. 전쟁의 유효성을 신봉하는 사람들은 무책임합니다. 전쟁을 벌이려는 자신도 앞으로 어떻게 될지 예측 못 해요. 제1차 세계 대전 때 독일 황제 빌헬름 2세가 8월에 참전을 선언하면서 "낙엽이 지기 전에 고향으로 돌아갈 것"이라고 했어요. 서너 달이면 전쟁이 끝난다고 했습니다. 한국 전쟁 때 서울을 수복하고 북쪽으로 진격하면서 맥아더는 미군들에게 "크리스마스는 고향에서 보내게 해주겠다"고 했습니다.

그 누구도 전쟁의 규모와 피해를 예상할 수 없어요. 전쟁은 시작하는 것보다 끝내는 게 더 어렵다는 말이 있습니다. 군사 전문가들도 그런 사실을 잘 알고 있어요. 지금 우크라이나가 그렇습니다. 개전 당시만 해도 이렇게 오래갈 거라 예상한 사람은 없었습니다. 이미 수십만 명에 이르는 희생자가 앞으로 더 얼마나 생길지 모릅니다. "평화를 원하거든 전쟁을 준비하라"고 한 사람들에게 그다음은 어떻게 할 건지 물어야 해요. 한번 일어난 전쟁은 통제할 수 없습니다.

평화를 지킬 두 번째 방안은 인권과 민주주의 회복입니다. 우리가 '싸우지 않을 권리', 즉 평화로울 권리를 새로이 인식해야 해요. 직접적 폭력에 의한 분쟁 해결 방식을 거부할 수 있어야 합니다. 국가가 전쟁으로 가지 않도록 적극적인 정치 행위를 통해 전쟁 선포권, 징병제, 무기 수출 등을 통제하는 것도 방법입니다. 소수가 전쟁과 평화에 관한 문제를 결정하면 시민의 일반 의지와 무관하게 흘러갈 가능성이 있습니다. 그래서 이를 시민 통제의 영역으로 바꿔주는 거예요.

예를 들어 민주 공화국의 핵심 규범 중 하나가 군의 문민 통제civilian control입니다. 군인이 아니라 국민이 권한을 위임한 대표자가 결정해요. 전투는 군대가 할지 모르지만 전쟁은 국가가 합니다. 이런 원칙이 깨진 경우가 바로 군국주의입니다. 과거 일본이나 독일이 그랬죠. 내각과 정부 위에 군대가 있었습니다. 전쟁을 감당하는 것은 일반 시민입니다. 그래서 반드시 군에 대한 문민 통제를 확보해야 해요.

칸트가 얘기한 영구 평화론에도 이런 이야기가 있습니다. 전쟁은 군인들에게 맡기기에는 너무나 중대한 문제라면서 군대는 도구이지 그 자체로 목적이 아니라고 말합니다. 정상 국가라면 당연히 국민들에 의해 선출된 합법적인 권력이 물리력을 통제할 수 있어야 해요. 그런 의미에서 보자면 우리나라는 아직 '정상 국가'가 아닙니다.

우리나라는 정전 협정 서명 당사국이 아닙니다. 정전 상태에서 이 협정의 관리 책임자는 유엔군 사령관이에요. 한국 정부는 당사자가 아니므로 권한도 없습니다. 그래서 전시 작전권도 없죠. 주권 국가로서 치명적인 결함입니다. 우리가 평화를 지킬 권리 차원에서 이 부분은 문제 제기할 수 있는 것이죠. 우리의 의지와 상관없이 전쟁이 일어날 수 있어요. 국민의 일반 의지가 전쟁과 평화에 반영되는가, 하는 문제는 여전히 우리 정치가 해결해야 할 우선 사안입니다. 평화권은 헌법적 가치고 핵심 가치로서 이를 확립하려면 일단 정상 국가가 되어야 한다는 점을 강조하고 싶어요.

외부와 연대도 중요합니다. 우리 안에서 머물 일이 아니에요. 국가 간, 시민 간 연대는 생각보다 힘이 셉니다. 우리가 상상하는 것보다 탁월하고 엄청난 성과를 낼 수 있어요.

우리가 세계를 설득할 수 있습니다. 평화 협정으로 한반도에 영구 평화가 정착하면 세계 여러 나라도 얻을 수 있는 게 많아요. 그러면 반대론자들은 말합니다. 평화 협정 소용없다. 베트남 전쟁도 그랬고 중동도 그랬다. 평화 협정 체결하고 잘된 적이 있냐고요. 하지만 그건 정말 뭘 몰라서 하는 소리예요. 비록 몇몇 경우 파기되기는 했으나 역사적으로 평화 협정이 전쟁을 예방하고 평화를 정착시키는 데 큰 역할을 했습니다.

그렇다면 어떻게 설득할 수 있을까요? 전쟁 예방 노력을 기울일 때, 서구 민주주의 국가는 인권을, 사회주의 국가는 군축을 강조하는 경향이 있어요. 저는 충분히 접점을 찾을 수 있다고 생각해요. 1975년 나토, 바르샤바 조약 기구가 구소련과 체결한 헬싱키 협정이 그랬습니다. 유럽과 미국 등을 포함해 세계 35개국이 서명한 이 조약에서는 상호 무력 사용 중단 등과 함께 인권 조항이 들어갔습니다. 협정의 인권 조항은 1990년대 구소련의 개혁과 개방을 촉발하는 중요한 역할을 합니다.

세계가 긴밀하게 연결된 상태에서 한반도 평화는 우리만의 문제가 아닙니다. 인간 안보human security, 공동 안보common security를 구현하는 공공 외교라는 개념으로 접근해야 합니다. 국제적 설득과 협력이 필요한 지점이에요.

## 연대와 협력으로 여는 한반도 평화

끝으로 한반도 평화와 관련해서 말씀드리고 강의를 마치겠습니다. 요즘 또다시 남북 대립이 격화되면서 위기를 맞고 있는데요. 많은 분이 이를 불안해하고 있습니다. 그런데 여러분, 불안과 우려는 그 자체로 전쟁의 원인이 됩니다. 그러니까 평화를 위해서라도 우리가 현상을 객관적으로 보고 대처할 수 있어야 해요. 합리적으로 이 위기를 관리할 수 있다는 자신감이 필요해요.

문제는 항상 집단적인 적개심입니다. 반중, 반북 정서가 고조되고 있잖아요. 클라우제비츠가 말한 전쟁의 조건입니다. 다만 그만큼 평화 의지 또한 커질 거라고 저는 생각해요. 사람 마음이 한편 화가 나다가도 '이러다가 정말 싸움이라도 나면 어쩌지? 평화롭게 풀자.' 하는 게 있잖아요. 그런 면에서 평화는 체제의 문제이자 마음의 문제이기도 해요.

성경의 시편 85절에 보면 다음과 같은 구절이 나옵니다. "사랑과 진실이 눈을 맞추고 정의와 평화가 입을 맞추리라.

(…) 정의가 당신 앞을 걸어 나가고, 평화가 그 발자취를 따라가리라." 평화가 정의와 함께 가는데 그 전제 조건은 '사랑과 진리가 눈을 맞추'는 것이에요. 저는 이걸 마음이 제도를 만들어낸다고 해석해요.

이번에는 공자님 말씀을 들어볼까요. 이분은 '대동 세상'을 설파합니다. 갈등이 아닌 조화를 강조했어요. 우리가 말하는 평화의 모습이죠. 불교에서 평화는 두말할 나위 없이 인간 세상을 밝히는 소중한 가치입니다. 이런 종교적 가르침을 듣다 보면 옛날 사람들은 '열린 마음으로 포용하는 것'을 평화로 생각했던 거 같아요. 평화를 이루려면 세상을 바라보는 관점과 태도를 좀 더 포용적으로 바꾸어야 합니다.

또 하나 평화는 목적이 아니라 과정이라는 점을 이해해야 합니다. 명사가 아니라 동사예요. 한 사람의 인격체로서 성장하고 발전할 수 있다는 확신, 내가 내 인생의 주인공이라는 자존의식, 그걸 통해 넓어진다는 사고. 이게 바로 평화입니다. 마지막으로 평화로 가는 길이 순탄하지만은 않다는 점을 말씀드리고 싶어요. 평화의 길은 자기희생의 길입니다.

20세기에 노벨 평화상을 받은 정치 지도자 중에 제 임기를 마친 사람이 한 명도 없습니다. 이집트의 사다트 대통령은 1977년에 예루살렘을 방문해서 평화 협정을 체결합니다. 이

듬해인 1978년에 노벨 평화상을 받고, 1981년 암살당했죠. 서독 총리였던 빌리 브란트는 1969년 신동방 정책으로 동독과 긴장 완화를 추구했습니다. 그러다 1974년에 비서가 소련 스파이라는 혐의로 총리직에서 물러났어요. 이스라엘의 라빈 총리는 1994년에 요르단강 서안을 팔레스타인 땅으로 인정하는 내용을 골자로 하는 평화 협정을 체결합니다. 그러고 다음해에 암살당해요. 백범 김구 선생은 어땠습니까? 북한에 가서 협상하고 돌아온 다음 해에 안두희한테 암살당했어요. 개혁과 개방으로 냉전을 끝낸 주역이었던 구소련의 고르바초프는 1991년 대통령직을 사임합니다. 평화를 추진했던 지도자들은 정치적 불이익을 무릅썼습니다.

우리나라는 조금 달랐습니다. 과거 김대중 대통령은 남북 대결을 중단하고 평화를 정착시키고자 햇볕 정책을 추진하던 중 국회의 견제로 동력을 상실합니다. 그러나 뒤이어 노무현 대통령이 이를 이어받으면서 10년을 버텼어요. 한국의 평화 정책은 20세기의 마지막 평화 정책이자 21세기의 첫 평화 정책이었습니다. 2018년 문재인 정부 때는 9·19 남북 공동 성명이 나왔습니다. 한국은 세계에서 평화 정책을 가장 끈질기고 인내심 있게 지속하는 나라예요.

그런 면에서 우리가 자부심을 갖고 길게 볼 필요가 있다고 생각합니다. 평화는 정치 지도자의 결단만큼이나 이를 뒷받침하는 시민들의 지지가 필요해요. 우리가 연대하고 협력할 때 놀라운 성취를 이룰 수 있습니다. 여러분도 그날을 한번 상상해보세요.

# 인권

4

## 인권의 정치사상

김비환

## 김비환

성균관대학교 정치외교학과를 졸업하고 동 대학원에서 정치학 박사학위를 받았다. 영국 케임브리지대학에서 정치학 박사학위를 받았다. 1997년부터 2023년까지 성균관대학교 정치외교학과에 재직하였고, 현재는 명예교수로서 현대 정치사상과 민주주의 이론을 강의하고 있다. 쓴 책으로는『사유재산의 정치철학』,『개인적 자유에서 사회적 자유로』등 다수가 있다.

# 4. 인권의 정치사상

안녕하십니까, 김비환입니다. 이번 강의에서 인권의 정의와 개념보다는 인권의 성격에 관해 이야기해보려 합니다. 인권의 형식적 또는 구조적인 성격은 무엇인가 하는 문제를 다룰 거예요.

## 인권을 바라보는 다양한 시선

우선 다음과 같은 질문에 관해 한번 생각해볼게요. 인권에 보편적인 합의를 이끌어낼 정도로 명확하고 보편적인 근거가 있는가? 모든 문화권에서, 모든 사회에서 다 합의한 개념인가? 아니면 '권리'라고 하는 것은 사회 문화적 한계를 갖고 있는가? 우리가 어떤 개념이 있다고 했을 때 그것이 문화적으로 매개되지 않으면 이해와 실천이 어려운 측면이 있습니다. 그래서 인권의 보편성과 맥락성, 역사성 이런 것들이 쟁점이 돼요.

인권이 굳이 필요한가 하는 문제 제기도 있어요. 인권이 아닌 다른 개념이나 가치가 우리 사회의 문제를 더 잘 해결할 수 있다면 꼭 인권이 아니어도 된다는 겁니다. 인권은 개인의 권리, 자유 이런 것들을 강조하기에 공동체적 가치에는 잘 부합하지 않는다는 견해가 그렇습니다. 인권은 원자론적이고, 사람들을 개인으로 분리합니다. 개인 간 거리를 강조하고 내 것, 네 것을 따지기에 공동체적 유대 관계를 형성하는 데는 썩 유효하지 않다고 말해요.

실제로 공동체 문화가 발달한 동양에서는 서양식 인권, 혹은 권리 개념보다는 덕德이나 인仁 같은 가치를 중요시했습니다. 여성주의 이론에서는 '돌봄'에 주목합니다. 이러한 가치들이 사회적인 갈등을 완화하고, 빈곤을 해소하는 데 더 유용하다고 보는 시각이 얼마든지 있거든요. 그래서 오늘날 인권을 둘러싸고 철학적인 논쟁이 많이 벌어지고 있어요. 과거 우리 역사에 등장했던 정치 이론도 여기에 참여하고 있습니다. 우리가 잘 아는 자유주의가 있고, 사회주의, 공동체주의, 보수주의가 그렇습니다. 이러한 사조는 인권에 관해 각자의 견해를 제시해요. 인권이 실재하는가, 인권은 보편적인가, 인권은 유용한가 등의 문제를 두고 철학자들이 논쟁을 벌입니다.

또한 인권의 발전사를 보면 인권이라는 것이 어떤 보편적인 가치에 입각해서, 논리적으로 추론하여 만들어진 체계가 아니거든요. 만약 그렇게 구현되었다면 인권 체계 내에 별로 모순이 없을 거예요. 어떤 원칙으로부터 인간이 평등한 권리와 자유들을 누려야 한다는 결론에 이른다면 논란이 없겠죠. 하지만 실제로는 그렇게 논리적으로 성립된 게 아니거든요. 오랜 역사적 투쟁, 저항 과정에서 하나하나 누적되면서 발전합니다. 그러다 보니까 시대적 특수성을 안고 있습니다. 역사적 고비마다 저항의 대상, 투쟁의 대상이 달라요. 당대에 해결해야 할 문제도 달랐습니다. 그렇기에 지금 우리가 누리고 있는 권리에는 상호 긴장이 존재하고, 때로 모순되기도 합니다.

우리는 인권이 절대적이고 보편적이고 선험적이라고 생각

해요. 하지만 속내를 들여다보면 다양한 해석이 존재합니다. 인권을 바라보는 다양한 이론, 철학적 전통마다 인권의 정당화 근거가 달라요. 이렇게 놓고 보면 회의가 들기도 합니다. 인권이 절대적이고 보편적인 규범력을 가진 것 같지도 않아요. 더구나 앞서 말씀드렸듯이, 동양적 전통인 덕과 인이나, 최근 중요한 가치를 인정받고 있는 돌봄 같은 개념으로 얼마든지 훌륭하게 우리 문제를 해결할 수 있는 상황이라면 더욱 그렇지요. 개인주의의 권리 개념이 여전히 유효한가 하는 문제 제기가 가능하고요. 정리하여 말씀드리자면, 우리가 이런 상황을 인식하고 사상적 전통에서 인권 문제를 어떻게 바라볼 수 있는지, 깊이 있게 탐구해볼 때 인권을 좀 더 잘 이해할 수 있지 않을까 해요.

사람들은 현대는 인권의 시대라고 합니다. 그만큼 보편적으로 널리 알려진 개념이에요. 그러나 현실은 어떻습니까? 표면적으로는 세계 대부분 나라가 인권을 긍정하지만 적지 않은 나라에서 민주주의가 쇠퇴하고 권위주의가 강화되고 있습니다. 소위 선진 국가로 불리는 곳에서도 크고 작은 인권 침해가 빈번한 상황이에요. 그렇다면 인권은 그 쓸모를 다한 걸까요? 저는 한계를 근거로 무용론으로 빠지는 것은 지나친 해석이라고 생각합니다.

인권 상황에 관해 일희일비할 이유가 없어요. 오히려 어려운 시기일수록 믿음을 갖고 적극적으로 인권을 확장해나가야 한다고 봅니다. 과거에는 지금보다 훨씬 심했어요. 노골적인 인권 침해가 많았습니다. 오늘날은 그나마 수많은 나라에서 인권 규범을 세우고 지지하고 있어요. 점진적으로나마 규범적 영향력을 계속 넓혀나가고 있습니다. 우리나라만 해도 당장 어떤 집단이나 개인들이 인권을 무시하면 이상한 사람이나 가치관이 잘못된 사람으로 지탄받습니다. 그만큼 인권이라는 규범이 우리 생활 깊숙이 들어온 거예요. 우리 행동이 인권에 부합하는지, 타인의 인권을 존중하는지 돌아보게 합니다.

언론에 소위 '갑질'이 많이 보도되지요. 부당한 요구로 괴롭히거나 학대합니다. 이제는 이런 일이 용납되지 않아요. 우리가 그만큼 인권 의식이 높아진 거예요. 인권은 타인들을 대할 때 또는 타인들이 우리를 대할 때, 국가나 집단이 개인을 대할 때 하나의 규범이 됩니다. 만약 이러한 가치 체계를 거부하려면 심적 부담이 생기고 또 사회로부터 받는 윤리적인 비난을 감수해야 합니다.

그러니까, 오늘날 인권은 한편 그 한계를 드러내면서도 사회 제도, 법률은 물론 우리 의식과 가치 판단에도 깊이 들어와 있는 것입니다. 우리가 이런 분위기에서 인권 체계와 담론에 내재하는 긴장과 모순을 인식하고, 직시하고, 이를 극복하고자 노력하는 것이 필요해요. 오늘은 이러한 문제의식하에, 주요 쟁점을 중심으로 인권 담론을 한번 정리해보려고 합니다. 먼저 오늘날 인권의 현주소를 한번 살펴보겠습니다.

## 인권 개념은 유용하고 바람직한가

국제 인권 단체인 프리덤하우스는 해마다 세계 자유 지수Freedom in the World를 발표하는데요. 2022년도 보고서를 보면 제목이 '권위주의적 지배의 전 지구적 확대The Global Expansion of Authoritarian Rule'예요. 민주주의 국가들이 늘어갔는데 지금은 외려 퇴행하고 있는 현실을 지적한 거예요. 민주주의 이행을 준비하던 나라는 물론 전통적 민주주의 국가도 권위주의로 회귀하는 현상이 전 세계에서 일어나고 있습니다. 학자들로서는 당혹스러울 수밖에 없었어요.

우리 정치 이론 혹은 근대화 이론에서 한때 국민소득이 약 6000달러쯤 넘어가면 민주화의 압박, 즉 민주화 요구가 봇물 터지듯 한다고 설명했습니다. 그래서 산업화가 어느 정도 진행되면 민주주의가 발전할 것으로 보았어요.

독재 국가였던 우리나라도 1987년 6월 항쟁 이후 민주화되지요. 이를 전 세계 민주주의의 흐름으로 해석합니다. 1970년대부터 남부 유럽, 포르투갈이나 스페인 같은 데서 민주화가 시작됩니다. 이것이 라틴아메리카로 건너가고, 다시 아시아권으로 건너가는 과정으로 이해해요. 2004년 겨울에는 우크라이나에서 '오렌지 혁명'이 있었고 2010년경부터는 중동과 북아프리카 지역에서 민주주의 열풍이 불었지요.

에스엔에스SNS의 발전은 이러한 흐름을 촉진했습니다. 그러나 안타깝게도 이렇게 민주화되던 국가가 다시 권위주의로 회귀하는 현상이 계속해서 일어났어요. 사정이 이렇다 보니 국제 인권 상황도 나빠지고 있습니다. 그래서 오늘날 이를 어떻게 극복할 것이냐가 중요한 화두입니다. 퇴행적 흐름에 대항할 수 있는 지구적인 연대가 필요하지요. 물론 이는 단순히 인권의 문제만은 아닙니다. 정치 경제적으로 복잡하게 얽혀 있기에 조심스럽게 접근해야 한다는 점을 강조하고 싶어요.

그럼 본론으로 들어가겠습니다. 첫 번째로 던질 질문은 '인권 개념은 유용하고 바람직한가?'입니다. 오늘날 인권 개념이 널리 받아들여지고 있음에도 그 유용성과 바람직함에 의한 철학적 회의가 존재합니다. 이와 관련하여 보수주의, 자유주의, 마르크스주의, 페미니즘 등 다양한 사상 전통들이 소개될 건데요. 먼저 보수주의 철학을 살펴보겠습니다.

에드먼드 버크는 18세기 영국의 정치가이자 정치 철학자인데요. 현대 보수주의의 아버지라고 불립니다. 보수주의라고는 하지만 정치적으로는 자유주의 진영에 속해 있었어요. 상당히 개혁적인 지점도 있었습니다. 그러다 프랑스 혁명에 대한 해석을 놓고 당시 영국 자유당 당수와 격렬한 논쟁을 벌입니다. 그러면서 보수주의로 회귀한 사람이에요.

그는 추상적이고 선험적인 보편적 인간의 권리를 부정합니다. 대신 사회적으로 발전되어온 권리 개념을 강조해요. 전통적으로 한 사회가 발전시켜온 것이지 보편적인 권리라는 건 없다는 겁니다. 이런 주장의 배경에는 프랑스 혁명이 영국의 전통적인 사회 구조를 붕괴시킬지도 모른다는 불안함이 자리합니다. '천부인권' 그러니까 누구나 인간이라면 누려야 할 권리라는 게 프랑스 혁명의 이념이잖아요. 버크로서는 그런 주장이 가져올 급진적인 변화를 원하지 않았어요. 영국 사회가 전통적으로 발전시켜온 구체적인 권리를 옹호했습니다. 그런데 바로 이런 점들이 보수주의적 인권 이론의 특징이에요.

그다음으로 19세기 공리주의 철학자 제러미 벤담이 있어요. 공리주의는 최대 행복을 추구한다는 점에서 결과주의적 윤리설이죠. 그 대척점에 어떤 윤리가 있습니까? 바로 칸트의 의무론적 윤리설이 있습니다. 여러분 '정언 명령'이라는 말 들어보셨죠. 우리에게 어떤 행위를 요구하는 절대적인 의무의 요청을 말합니다. 인간은 여기에 따라야 해요. 내게 이익이 되든 아니든 그렇게 해야 합니다.

공리주의는 행위의 동기가 아닌 결과를 강조합니다. 여기에 따르면 다음과 같은 논리가 성립하죠. 내가 거짓말을 하더라도 그것이 여러분을 모두 기쁘고, 즐겁게 한다면 그 결과가 매우 유용하니까 그것은 좋은 것이다. 이렇게 보는 것이 바로 공리주의적 윤리설입니다.

가령 어떤 나이 든 환자분이 임종을 앞두고 있습니다. 아주 부유한 사람인데 그동안 주변에 사람을 두지 않고 혼자서 외롭게 살아왔어요. 사후 유산 처리를 어떻게 할지 고민하다가 법정 대리인을 불러 이렇게 당부해요. "내 친척을 찾아가서 그 사람에게 유산을 나눠주었으면 하네." 법정 대리인은 당연히 그러겠다고 약속합니다. 그런데 막상 이분이 돌아가시자 유언을 어기고 모든 재산을 병원에 기부합니다. 이런 행동을 윤리적으로 어떻게 평가할 수 있을까요? 고인을 속이고 거짓말을 한 셈이니 책임을 물어야겠죠. 하지만 공리주의 입장에서 보면 윤리적으로 옳은 행동입니다. 법정 대리인의 행위로 수많은 환자가 이익을 얻었기 때문이에요. 공리주의적 윤리설에서는 결과적 효용, 유용성이 중요합니다. 그러나 칸트 철학에서 봤을 때 유언을 실행하지 않은 행위는 그 자체로 비난받아 마땅합니다. 이것이 칸트의 의무론적 윤리론과 공리주의적 윤리론의 차이예요.

공리주의는 결과를 놓고 평가합니다. 그래서 철학자 벤담은 당시의 인권 개념을 비판했어요. 선험적인 자연권, 인간이 가지고 태어나는 천부적인 권리란 그 자체로 헛소리라고 말해요. 이들이 보기에 우리가 실제로 보고 들을 수 있는 것, 사회적으로 인간이 확립하고 만든 것, 관습적인 것 등은 참되지만 인권처럼 검증할 수 없는 개념들은 인정할 수 없었습니다.

벤담의 공리주의가 취했던 인식론에 관한 입장이 이랬습니다. 자연법으로서 인권 개념을 부정하고 대신 사회적 효용에 근거해서 실정법적 권리 개념을 제시했어요. 인간의 권리라는 게 자연에서 온 게 아니라 사회에 이미 기본권 체계가 존재한다고 본 거예요. 즉 인권은 자연이 준 게 아니라 인간이 만든 겁니다. 왜냐하면 그게 사회적으로 유용하기 때문입니다. 자연권에 근거하여 인간의 권리를 법으로 보장하는 게 아니라 많은 사람이 혜택을 받기 때문에 사회적으로 제도화한 거예요. 매우 실증주의적인 입장입니다. 어떻게 보면 이런 시각에는 과거 농경 사회 혹은 종교가 지배하던 시절에 대한 반발이 있어요.

과거에는 신의 명령이 곧 자연법이었습니다. 성경에 적혀 있으면 곧 진리였어요. 이러한 규범이 서양을 오랫동안 지배했습니다. 그러다 종교 개혁과 산업 혁명, 과학 혁명을 거치고 세상이 변화합니다. 어떤 초월적인 근거보다는 인간이 직접 확인하고, 경험하고, 만드는 것을 더 신뢰하게 되었어요. 신의 계시보다 인간의 이성이 발견한 지식과 법칙이 중요해진 거죠. 그래서 19세기에 오면 경험주의적이고 탈형이상학적인 분위기가 형성됩니다. 이러한 움직임이 자연권 개념의 거부로 이어져요. 권리를 인간이 정치적으로 만든 것으로 이해하는 경향이 커집니다. 벤담의 공리주의가 바로 그런 입장이었고요.

그래서 벤담이 보기에 권리는 영원불멸한 게 아닙니다. 사회적으로 인정되고, 유지되고 폐지돼요. 인간이 만든 것이니 바꾸거나 없앨 수 있다는 겁니다. 하지만 자연권은 어때요, 속성상 자연이 부여한 것으로 우리 인간이 마음대로 바꿀 수 없습니다. 이걸 인권 개념에 대입하면 실정법적 권리는 인간이 정치 행위를 통해서, 입법 행위를 통해서 새로 만들 수도 있고, 기존의 권리를 폐지할 수도 있습니다. 결코 신성불가침이 아니죠.

## 상대적 가치로서의 인권

다음은 20세기로 넘어와서 알래스데어 매킨타이어와 마이클 샌델의 견해를 살펴보겠습니다. 이분들은 '공동체주의자'로 불리죠. 말 그대로 개인주의를 배격하고 집단으로서의 인간관계를 중요시합니다. 특히 마이클 샌델은 우리나라에서 무척 유명하죠. 『정의란 무엇인가』라는 책은 베스트셀러입니다.

공동체주의자들 역시 앞서 공리주의자들처럼 인권을 절대적인 가치로 보지 않아요. 오히려 전설에나 나오는 유니콘처럼 허구적인 성격이 강한 개념으로 봅니다. 이들이 보기에 권리라는 개념은 근대의 산물입니다. 그전에는 사람들이 '공동선'을 중시하면서 살았습니다. 함께 모여서 살면서 공동의 가치, 공동의 이익을 강조했는데 산업 사회가 도래하면서 이런 풍조가 사라졌어요. 대신 개인의 이익, 권리, 자유 등이 중요해졌다는 겁니다.

이런 경향은 시간이 갈수록 강화되었고 오늘날에는 거꾸로 자유와 권리를 위해 공동선, 공동의 가치, 공익 등이 희생당하는 지경에 이르렀어요. 원자론적 개인주의가 널리 퍼지면서 공동체적인 가치는 폄하되었다는 겁니다. 그래서 이들은 '권리'라는 개념이 오히려 우리를 결속시키고 연대감을 주는 데 부정적인 역할을 한다고 생각해요. 미국의 역사를 해석할 때도 공동선을 중시하는 정치에서 권리의 정치, 자유의 정치로 진화해왔다고 봅니다. 일리가 있어 보이죠?

예를 들어 코로나19 바이러스가 전 지구적으로 유행했을 때 오랜 자유주의적 개인주의 문화가 발달한 서양의 대응 방식이 동양과 달랐어요. 서양은 공동체의 위기에 대처하는 데 무기력한 모습을 보여주었습니다. 그에 비해 우리나라는 성공적이었어요. 백신 주사 접종률이 매우 높았을뿐더러 공공장소에서 마스크를 착용하는 등 방역 활동에 무척 협조적이었습니다. 시민들이 불편하고 거추장스러워도 우리 모두를 위해 그렇게 행동한 거예요. 그런 습성이 몸에 배어 있었던 겁니다. 서양인들로서는 자신들의 개인주의 문화를 돌아보는 계기가 되었습니다. 그동안 자신들이 내세웠던 개인의 권리라는 가치가 공동의 문제를 해결하는 데 도움은커녕 걸림돌이 되었기 때문이에요. 그랬을 때 과연 자유와 권리, 이것을 일방적으로 강조하는 것이 바람직한가, 공동체주의자는 거기에 대해서 회의감을 표명한다는 거죠. 그래서 매킨타이어와 샌델 같은 분들은 공동체주의적 입장에서 이를 비판해왔다고 말씀드릴 수 있어요.

1970년대 서구 사회에서 그 유명한 자유주의-공동체주의 논쟁이 일어납니다. 인간의 본질이란 무엇인가? 사회 제도란 무엇인가? 좋은 민주주의, 좋은 정치 구조란 무엇인가? 하는 주제를 두고 치열하게 논의를 전개해요. 지금도 일정 부분 계속되고 있습니다만, 여기서 전부 소개해드리기는 어렵고요. '자유주의'에 관한 논쟁만 간단히 살펴보고 지나가겠습니다.

여러분 자유주의가 어떻게 등장했는지 알고 있나요? 자유주의 운동의 동기가 뭘까요? 바로 신분제의 억압이었습니다. 16~17세기 자유주의가 태동할 무렵 서구 사회를 들여다보면 중세 봉건적 전통이 강하게 남아 있었습니다. 신분제 사회로 특권 계층이 아닌 대다수 사람을 억압하고 착취했지요. 이런 상태에서는 인간성을 실현할 수 없었습니다. 그래서 이 봉건 체제의 억압에 대한 반발, 비판으로서 자유주의 운동이 시작돼요. 개인의 자유와 권리를 요구합니다.

자유주의자들도 공동체적 가치를 부정하지는 않아요. 다만 이러한 공동체가 개인의 자유와 권리를 억압하는 것을 비판하는 것이죠. 그런 의미에서 자유주의는 모든 개인이 평등한 자유와 권리를 누릴 수 있는 공동체를 지향했다고 보아야 합니다.

지금까지 보수주의, 공리주의, 공동체주의 입장에서 인권, 즉 권리 개념을 어떻게 비판하고 있는가를 살펴보았습니다. 이 밖에는 또 어떤 관점이 있을까요? 최근에는 권리 개념의 엄밀성이나 명료성에 초점을 맞춘 비판들이 제기됩니다. 권리란 무엇이고, 그 인정 근거는 무엇이며, 인간은 왜 그런 권리를 가져야 하는가? 하는 질문입니다. 예컨대 인권은 인간이라는 사실, 주로 인격성 혹은 도덕성을 갖춘 존재라는 속성 때문에 갖는 권리인가? 하고 묻습니다. 만약 그렇다면 인간성을 상실했을 때, 즉 도덕성과 자율성이 없거나 부족한 사람은 인권을 누릴 수 없는가? 하는 질문으로 이어지지요.

한편 또 생각해볼 수 있는 것이, 보통 인권을 설명할 때 우리가 인간다운 삶을 사는 데 필요한 '긴급한 이익들urgent interests'을 보장해주는 것이라고 합니다. 어떤 이론에서는 인간의 자유 의지를 강조해요. 인간답게 살려면 자유 의지를 실천할 수 있어야 하는데 그 조건을 마련해주는 것을 권리로 설명해요. 그랬을 때 무엇이 정말 필요한 '긴급한 이익'인가? 하는 문제 제기가 있을 수 있어요. 이러한 논리들은 '인간'이라는 자격과 '인간다운 삶'이라는 필요를 인권의 근거로 삼고 있습니다. 따라서 충분히 인간 중심적이라고 비판받을 수 있어요. 예를 들어 동물권 보호 운동을 하는 사람들이 볼 때 인간은 물론 동물도 권리의 주체가 되어야 해요. 동물도 고통을 느끼잖아요. 단지 인간이 가진 이성적 능력이나 언어 능력을 근거로 권리를 주장해서는 안 된다고 보는 거예요. 공리주의 학자 피터 싱어는 감각적 경험 능력을 가진 존재는 권리의 주체가 되어야 한다고 말합니다. 이렇게 보면 인권이 성립이 안 돼요. 권리를 인간만의 것으로 제한하고 있으니까요. 그러면서 우리에게 인식의 확장을 요구해요.

생태주의적 관점도 그렇습니다. 왜 인간만이 권리를 누리는가, 모든 자연 대상들도 권리가 있다는 주장으로 나아갑니다. 이런 관점은 인간 중심의 권리 개념을 갖고 자연을 파괴하고 생명을 착취하는 지금 상황을 해소하는 데 큰 도움을 줍니다. 기후 위기 문제가 대표적이죠. 철학적으로 매우 중요한 문제 제기입니다. 오늘날 우리에게 익숙한 '권리'를 대체할 개념이나 원리를 모색하는 계기가 되기 때문이에요.

예컨대 마사 누스바움이나 아마르티아 센 같은 학자들은 인간의 역량capability 개념을 제시합니다. 인간은 누구나 잠재 능력이 있는데 이를 평등하게 개발하고 실천할 제도가 필요하다고 주장합니다. 이것이 오늘날까지 이어진 인권, 즉 권리를 둘러싼 논쟁의 주요 내용이에요. 그러면 하나하나 좀 더 구체적으로 살펴보겠습니다. 먼저 자연권과 인권의 탄생입니다.

## 왜 자연권이 아닌 인권인가

인권은 17~18세기 서구 사회 특히 유럽식 사고의 산물입니다. 따라서 여기에는 서구 중심주의적인 가치가 반영되어 있어요. 인권 개념이 나올 당시 이는 일종의 자연법으로, 당연히 존재하는 것이었습니다.

근대의 자연권 사상은 절대적이고 양도 불가능하며, 시효가 없는 선험적 권리를 제시합니다. 그 근거는 초월적인 신, 특히 기독교적인 신과 연관되어 있었다고 볼 수 있어요. 봉건 질서를 타파하기 위해 만들어낸 개념이 오히려 신적 존재를 염두에 두었다는 점이 아이러니하긴 합니다. 어쨌든 당시 자연권은 신에 의해 부여된 것이거나 우주적 이성인 자연법에 의해 인정된 것이었습니다. 과거 스토아학파의 키케로 같은 인물이 대표적인 자연법 사상가였습니다. 이들이 보기에 인간은 이성이 있기에 우주, 자연에 존재하는 도덕법으로서의 자연법을 인식할 수 있습니다. 또한 이로써 인간 사회의 질서를 부여했고요. 그러므로 모든 실정법적인 법률은 바로 이와 같은 자연법에 기초해야만 도덕적 정당성을 가질 수 있다고 주장했어요. 이것이 바로 자연법 사상의 핵심입니다. 이와 대척점에 있는 것이 인간의 경험과 관찰을 근거로 하는 법실증주의적인 전통이에요.

자연권 사상을 대표하는 인물, 혹은 자유주의 사상의 대표로는 존 로크를 꼽을 수 있습니다. 로크는 생명, 자유, 재산을 인간의 천부적인 권리로 보았습니다. 신이 인간에게 부여한 불가침의 권리라고 주장했어요. 이런 관점에서 생각하면 인간이 어느 공동체에 속하든 상관이 없어요. 그냥 인간이니까 자연히 주어지는 권리가 바로 인권입니다. 인간은 국가에 소속되어 있든 자연 상태에 있든 자연권이 있는 존재이며 이는 누구도 침해할 수 없다는 거죠.

다만 자연 상태에서 이런 권리를 누리기는 여러모로 불편해요, 불안정하고 때에 따라 보장받을 수 없어요. 그래서 생각해낸 것이 바로 '사회 계약'입니다. "안 되겠다. 우리가 정치·사회 제도를 통해 위임된 공권력으로 인간의 자연권을 안전하게 보호하자." 하고 나선 겁니다. 바로 이런 논리가 존 로크의 사회 계약 사상이에요.

당시 이런 자연권 사상은 기득권 세력을 위협합니다. 오로지 왕과 귀족이 권력을 행사하던 시절이었잖아요. 17세기 이후 영국 의회는 보수주의 정당인 토리당과 자유주의 정당인 휘그당으로 양분됩니다. 자연권 사상은 좀 더 개혁적인 입장을 취하던 휘그파에 논리·사상적 근거를 제공합니다. 당시 토리파는 왕권신수설에 입각하여 국왕의 절대적인 권리를 옹호했습니다. 그래서 토리파와 휘그파가 충돌한 역사적 사건이 바로 청교도 혁명1649년과 여러분이 잘 아시는 명예혁명1688년이었어요. 그 결과 당시 국왕이던 찰스 1세는 처형당합니다. 이후 찰스 2세에 이어 제임스 2세가 즉위하지만, 명예혁명 과정에서 추방됩니다. 그러면서 영국의 정치 체제는 절대 군주정에서 입헌 군주정으로 바뀝니다.

정치적 소용돌이 상황에서 로크는 왕당파에 대항하고자 『통치론』을 썼습니다. 여기서 그는 인간의 천부적인 권리, 즉 자연권을 보호하고 실현하게 하는 것이 정치 질서의 목적이라고 주장해요. 그러니까 국가가 자연권인 인간의 권리를 건드릴 수 없다는 거예요. 흄, 벤담, 밀 같은 공리주의자들은 여기에 한술 더 떠서 권리가 신이 부여한 자연권이 아니라 사회적으로 승인된 제도라고 말하죠.

모든 권리를 사회적 사실이나 관습의 문제로 보면서 군주의 명령이나 의회가 제정한 법률로 보장하는 권리만이 참된 권리라고 본 거예요. 이로써 권리의 근거가 명확해집니다. 그렇기에 이들이 보기에 국내에서 승인하지 않은 국제법은 엄밀한 의미의 법규가 아닙니다. 국제 여론에 따라 확립된 도덕 규칙들에 불과해요. 이러한 논리가 득세하면서 자연권 사상은 급격히 퇴조합니다. 그러다 언제 다시 자연권 개념이 떠오르느냐면, 바로 세계 대전 이후입니다.

두 번의 참혹한 전쟁을 겪은 인류는 깨닫습니다. 실정법적인 권리만으로는 안 되고, 그것보다 훨씬 더 보편적인 규범력이 있는 개념이 필요하다고 말이지요. 나치의 홀로코스트는 합법적으로 벌인 대규모 인간 살상 행위였습니다. 독일 나치당은 선거를 통해 합법적으로 집권했어요. 법실증주의적 태도로는 이를 막을 수 없습니다.

제2차 세계 대전 전범으로 기소되어 재판정에 선 아돌프 아이히만은 말하죠. 자신은 그저 명령을 수행했을 뿐이라고요. 윤리적으로 비난받을 수는 있으나 합법적 행위였으니 죄가 없다는 거예요. 독일 철학자 한나 아렌트가 말한 '악의 평범성'이죠. 자칫 법이 비인간적인 범죄 행위를 정당화할 수 있는 겁니다. 이를 지켜본 사람들이 안 되겠다, 법 차원에 머물지 않는 자연권 같은 새로운 규범이 필요하다고 느낀 거예요.

이렇듯, 나치 집권과 제2차 세계 대전 발발, 이 과정에서 벌어진 대량 살상은 실증주의 법체계의 위험성을 환기시킵니다. 야만적 폭력성에서 인류와 개인의 존엄성을 보호할 수 있는 불변적인 규범이 없다면 전범들을 처벌하기 힘들다, 독일 국내법에 충실하게 행동한 사람을 어떤 근거로 처벌할 수 있겠느냐는 거예요. 그래서 보편적인 도덕, 법 규범에 대한 공감대가 생기고 그 자리에 인권이 들어섭니다. 그러면서 인권human rights이 과거 자연권natural rights이 가졌던 보편성과 절대성을 상당 부분 흡수합니다. 문제는 인권을 어떻게 정당화할 것인가 하는 것이었습니다. 원래 옳다면자연권 상관없지만 그게 아니라면 그것은 왜 옳은가? 하는 문제 제기가 생기지요.

## 자유주의 vs 공화주의

인권은 원래 옳다는 개념, 즉 인권의 선험성은 자유주의의 오랜 전통입니다. 한편 철학적으로는 사회적 구성주의가 있었죠. 후천적으로 그러니까 인간 사회가 필요성에 따라 만든 것이라는 이야기인데요. 우리 의식 안에는 여전히 오래전 자유주의 사상이 깊이 뿌리박혀 있습니다. 그래서 인권이 왜 옳은가? 하는 문제를 잘 생각 안 하게 돼요.

예를 들면 자유주의자들이 가장 강조한 권리 중 하나가 '재산권'이에요. 천부인권으로 생각하면 절대적이고 보편적이고 배타적이에요. 누구도 못 건드립니다. 하지만 정말 그런가요? 오늘날 법에 보장된 재산 관련 법은 절대적이지 않습니다. 법조인들은 재산권이 신상 불가침의 절대적 권리가 아니라는 걸 잘 알고 있어요. 사회 구성주의적 시각으로 보면 재산권의 변화와 제한은 당연해요. 시대가 변하기 때문이죠.

가령 미국 철학자 로버트 노직은 1974년 『아나키에서 유토피아로Anarchy, State, And Utopia』라는 책을 통해 사유 재산의 절대화를 주장합니다. 국가는 이를 보호하는 최소한의 역할만 하면 된다고 주장해요. 이는 1971년 발표된 존 롤스의 『정의론A Theory of Justice』에 대한 반박이기도 했습니다. 롤스는 재산권의 절대성을 부인하면서 복지 국가적 재분배를 주장했습니다. 생각은 다르지만 이 두 학자는 모두 칸트의 의무론적 윤리론에 입각해 있어요. 같은 기반 위에서 한 사람은 재산 재분배 민주주의 체제를 옹호하고 다른 한 사람은 포괄적인 재분배 국가를 완강히 거부합니다. 이들의 논리는 지금도 영향력을 발휘해요.

로버트 노직은 로크의 자연권 이론을 세속화된 형태로 받아들입니다. 로크의 자연권 사상은 기독교적 세계관에 입각했습니다. 프로테스탄티즘에 가까웠지요. 그런데 로직은 이런 신학적인 배경을 싹 지워버려요. 그에게 절대자, 즉 신은 없습니다. 다만 인간은 자기 인신에 대한 권리를 가지고 태어났고, 여기에 기인한 재능과 노동으로 얻은 재산은 자기 것이 됩니다. 이러한 권리를 보호해주는 것이 바로 국가라는 거예요.

그러나 롤스는 인간의 몸, 인간의 재능이 온전히 개인 소유로 될 수 없다고 봅니다. 그저 우연히 개인에 부여된 것으로 사회적인 자산에 해당합니다. 따라서 그런 것들로 얻은 생산물 역시 사회적 자산이므로 가능한 한 평등하게 분배해야 해요. 이러한 주장은 양편으로 나뉘어 치열한 논쟁을 벌입니다. 이러한 논리는 현실과 매우 밀접한 관계에 있어요.

노직의 논리는 1980년대 이후 복지 축소와 경쟁 확대를 골자로 하는 신자유주의, 세계화 확산에 정당성을 부여합니다. 이른바 자유 지상주의입니다. 이러한 사고는 자기 인신에 관한 절대적인 권리에서 출발합니다. 영어 표현으로는 'self ownership'이라고 하죠. '내 몸이 내 것이니. 내 몸으로 번 돈은 다 내 것이다.' 이렇게 되는 거죠. 자유 지상주의는 '소유권'과 인간의 자기 결정권인 '자유 의지'라는 두 개의 축으로 구성됩니다.

어쩐지 익숙하지 않습니까? 오늘날 이런 자유 지상주의는 정치·경제 각 영역에서 맹위를 떨치고 있어요. 세금을 통한 재산 재분배, 복지 등을 반대하면서 시장과 경쟁을 찬성하는 사람들이 늘 하는 말이지요.

한편 자유주의의 반대편에 공화주의가 있습니다. 우리 헌법에도 공화주의 정신이 깃들어 있는데요. 공화주의자들은 권리의 선험성을 부정합니다. 자유주의자들처럼 날 때부터 갖고 태어나지 않아요. 권리는 공동체 구성원들의 심의public deliberation을 통해 결정됩니다. 우리가 보통 '공화주의' 하면 왠지 보수적이고 비민주적인 느낌이 들잖아요. 하지만 과거 로마의 원로원이 그랬듯이 중요한 사안일수록 여러 사람이 지혜를 모은다는 측면에서 민주주의적 요소가 있습니다. 다만 민주주의자들이 다수의 열정으로 움직인다면 공화주의는 냉정한 지성, 심의 같은 걸 강조하는 측면이 있어요. 그러니까 오늘날의 자유주의를 상당 부분 보완하는 역할을 합니다. 실제로 오늘날 민주주의를 숙의 민주주의, 토의 민주주의, 시민 민주주의라고 하지요.

공화주의에는 여러 사람이 결정한다고 해서 늘 합리적인 것은 아니라는 생각이 깔려 있습니다. 고대 그리스 아테네의 직접민주주의가 중우정치라고 비판받았던 일을 생각해보세요. 그렇기에 공화주의적 시각에서 인권은 공적인 심의를 통해서 결정됩니다. 모든 법 제도라는 게 그런 과정을 거쳐 생겨나는 것이지 자연권이나 보편적인 도덕법에서 나온 것이 아닙니다. 내 몸, 내 것에 관한 소유를 자연권으로 보는 자유주의자들과는 차이가 있죠.

또 하나 공화주의자들에게 중요한 가치가 있는데 바로 '애국'입니다. 조국에 대한 사랑과 헌신 그리고 시민으로서의 윤리를 강조해요. 공익을 위한 희생, 선공후사 정신을 앞세웁니다. 이런 생각은 모든 인간이 보편적인 권리를 갖는다는 개인주의적 사유와는 거리가 있어요. 공화주의는 공동체에 애착이 있기에 이를 초월하는 보편적으로 권리 개념에 부정적이었습니다. 그동안 공화주의가 상대적으로 인권 개념에 소극적이었던 이유예요. 그러다 나중에 달라졌죠.

인권 규범의 세계적 확산과 보편화는 공화주의의 변화를 가져옵니다. 이래서는 안 되겠다 싶은 거죠. 다들 인권을 말하는 상황에서 애국만 부르짖는 건 시대착오적이니까요. 그래서 공화주의도 인권 개념을 세계적으로 적용할 하나의 제도로 인식하고 재해석하기 시작합니다. 『신공화주의』를 저술한 필립 페팃이라든가 '자유주의 이전의 자유'를 역설한 퀜틴 스키너 같은 정치 철학자가 대표적입니다.

이들은 '비지배로서의 자유'freedom as non-domination를 말합니다. 자의적인 지배를 받지 않는 것을 자유의 핵심으로 보았어요. 그러면서 이를 '제3의 자유' 개념으로 주장합니다. 첫째의 자유 개념은 소극적 자유 개념이에요. 간섭받지 않는 것이죠. 두 번째 자유는 적극적 자유입니다. 이건 정치 참여의 자유일 수도 있고, 실질적 자유일 수도 있어요. 여기에 더해 세 번째로 자유의 개념을 확장한 거예요.

예를 들어 비지배로서의 자유란 내가 상대방으로부터, 다른 사람 또는 국가로부터 자의적인 지배를 받지 않는 상태입니다. 그런데 가령 어떤 나라가 다른 나라를 지배한다면 해당 국민들의 자유가 침해됩니다. 그러니까 이 공화주의 입장에서 볼 때 이 나라 국민은 자유를 얻으려면 지배에서 벗어나려는 싸움을 펼쳐야 해요. 설득력이 있죠? 우리나라는 과거 식민 지배를 경험했잖아요. 일제 강점기 우리 국민들은 진정한 자유인이 아니었습니다. 이런 게 바로 오늘날 공화주의적 관점이에요. 인권 개념을 수용하고 자유를 새롭게 해석함으로써 좀 더 보편적인 사상 체계를 갖춥니다.

## 다양한 정치사상적 견해들

보수주의와 공화주의는 차이가 있습니다. 보수주의는 초지일관 권리 개념에 소극적입니다. 앞서 버크가 그랬고 지금도 그래요. 보수주의는 기본적으로 변화를 꺼리기 때문입니다. 그런 시선에서 보면 여기저기서 자기 권리를 외치는 상황을 위기로 볼 수밖에 없어요. 그러니까 인권에 반대는 하지 않지만 새로운 인권 개념의 도입에 대해서는 상당히 회의적이고 부정적인 자세를 취하는 것이 보수주의의 특징입니다.

그렇다고 해서 보수주의를 마냥 부정적으로 볼 건 아니에요. 보수주의 철학은 그 자체로 굉장히 매력이 있습니다. 보수주의는 인간을 도덕적, 지적으로 부족하고 한계가 있는 존재로 봐요. 그래서 함께 협력하고, 오래된 관행과 지혜를 존중하면서 조심스럽게 점진적으로 사회를 바꿔가야 한다고 생각해요. 또한 현실을 긍정하는 측면이 있어요. 먼 미래에 어마어마한 혜택을 우리에게 주는 것보다는 지금 우리가 누리는 작은 혜택에 만족하고 이를 귀하게 여깁니다.

저는 이것이 사상으로서 보수주의가 가지는 미덕이라고 생각해요. 보수주의에는 현재가 조금 불편하더라도 참고 살아가자는 마음가짐, 일종의 신중함이랄까요. 그런 것과 함께 그동안 우리가 소중하게 여겨온 가치와 질서가 사라질지도 모른다는 두려움이 깔려 있어요. 이런 속성이 때로 반동적인 입장, 낡은 제도의 입장은 무조건 옹호하고, 새로운 것을 거부하는 양상으로 나타날 수도 있죠. 우리에게는 그런 경험이 많습니다.

그러나 유럽만 해도 사정이 달라요. 많은 보수주의 정치가들이 적극적으로 인권 신장에 기여한 역사가 있습니다. 특히 1800년대에 유럽 사회에서 개혁이 크게 일어나는데 이때 보수주의 정당이 앞장서요. 특히 영국은 벤저민 디즈레일리와 같은 걸출한 보수주의 지도자가 젊은 당원들을 규합해 사회개혁에 앞장섭니다. 작가이기도 했던 디즈레일리는 1845년에 『시빌Sybil』이라는 소설을 발표했는데요, 부제가 두 개의 나라two nations예요. 무슨 뜻이냐면, 당시 영국은 빈부격차가 무척 심했습니다. 이를 비판한 거예요.

디즈레일리는 그 책임을 상당 부분 부자들에게 묻고 있습니다. 그러면서 이런 양극화를 극복하고 하나의 영국을 만들자고 역설해요. 이를 위해 지도자들이 솔선수범하고, 상류층의 의무를 다하자노블레스 오블리주고 합니다. 그렇게 해서 영국의 보수당은 대중의 사랑을 받는 개혁 정당으로 거듭나요. 디즈레일리라고 하는 걸출한 보수 정치인 덕분에 가능한 일이었습니다. 우리나라에는 유감스럽게도 그런 사람들이 없어요. 안타까운 지점이죠.

이 밖에도 서양에는 보수의 혁신성이 발현된 사례가 많습니다. 그래서 1970년대 미국의 민권 운동은 역사 속에서 전통적인 보수주의 인물을 끌어와 개혁의 동기를 부여했습니다. 소크라테스, 초기 기독교 지도자, 링컨과 제퍼슨과 같은 인물들을 말하면서 혁명과 혁신의 전통을 역설했어요.

인도의 마하트마 간디도 그랬습니다. 그의 비폭력주의는 힌두교, 이슬람교, 불교, 기독교 등 모든 종교에서 찾을 수 있는 공통 요소였어요. 간디는 자신의 해방 운동을 이 공통의 전통 위에서 추진했습니다.

다시 영국의 정치로 돌아오면, 역사적으로 보수주의 정치인들이 인권 문제 해결에 앞장섰다는 점에 우리가 주목해야 합니다. 19~20세기 영국의 보수주의 정부는 선거권을 확장하고 어린이와 노동자, 여성들의 권리 신장에 기여합니다. 우리가 잘 아는 처칠 또한 보수당과 자유당을 넘나들었던 인물이에요. 기본적으로 보수 쪽에 속한다고 할 수 있는 그는 세계 대전을 치르면서 인권 보장을 목표로 삼습니다. 전쟁이 끝나고 국제 연합이 결성되고 세계 인권 선언이 만들어지고 각종 인권 협약이 맺어지는 등 결과적으로 처칠의 꿈이 상당히 이루어진 셈이죠. 이런 걸 보면 정치인에 관해 보수와 진보의 이분법이 별 의미가 없어요. 지도자로서 역사적인 안목과 시대를 내다보는 통찰을 가지고 얼마나 가치 있는 일을 해내는가가 중요합니다.

다음은 공동체주의입니다. 앞서 말씀드렸듯이 공동체주의는 권리의 선험성을 부정합니다. 인권 향유자의 범위와 인권 보장 이행 의무의 주체를 특정 공동체 안에 둡니다. 공유하는 삶, 문화, 언어, 전통 등에 결속되어 있어요. '민족'이 대표적인 공동체라고 할 수 있습니다. 역사적으로 볼 때 이러한 민족 공동체가 정치 조직화되면서 '민족 국가'로 전환합니다.

공동체주의는 집단의 정체성을 강조해요. 그러니까 보편적인 범세계주의와 대비되는, 대척점에 있는 사조라고 볼 수 있습니다. 국적, 시민권, 문화 공동체는 주목하지만 보편적 인 세계 시민권이나 세계 국가 등의 개념은 옹호하지 않습니다. 한 공동체 안에서의 권리는 중요하지만 이것을 외부로 어떻게 확장할 것인가 하는 문제에는 관심이 없습니다. 따라서 국적과 민족에 따라 차별의 여지가 있어요. 차이를 관용하고 포용하는 개방적인 태도가 필요합니다.

그렇다고 해서 공동체주의가 늘 인권과 대립한다고 여겨서는 안 됩니다. 인권을 수용할 수 있는 공동체도 존재하기 때문이죠. 그래서 우리가 어떤 공동체를 바라볼 때 얼마나 개방적인가, 인권 수용이 가능한지 등을 따져보아야 해요. 배타적이고, 착취적이고 내부에 수많은 위계가 존재하는 억압적인 공동체는 단호히 거부하되 그렇지 않은 공동체는 당연히 수용해야 해요. 미국의 정치 철학자 로널드 드워킨이 제시한 '자유주의 모델liberal community'이 그렇습니다. 진보적 자유주의자였던 그는 공동체 안에서 개인의 권리가 충분히 보장되어야 한다고 역설해요. 반면에 세계를 거대한 전쟁으로 이끌었던 인종주의, 국수주의, 제국주의 등은 결코 용납될 수 없습니다. 민족주의가 파괴적인 양상으로 발전한 것이 바로 제국주의였어요. 포용적인 공동체가 아니라 특정 민족, 특정 국가, 특정 인종의 우월성을 주장하면서 다른 무고

한 사람들을 희생시켰습니다. 태평양 전쟁에서 보인 일본 제국주의의 태도가 그 전형이었어요.

열린 민주적 공동체가 아닌 폐쇄적인 공동체는 늘 파괴적인 방향으로 나갈 위험성이 있어요. 전쟁으로 점철된 인류의 근현대사가 이를 증명합니다. 공동체 집단의 이기적이고 악한 행동은 파괴력이 어마어마합니다. 이 부분이 인권과 관련해서 우리가 고민해야 할 지점이에요.

다음으로 마르크스주의를 살펴보겠습니다. 보통 마르크스주의 하면 계급, 사회주의, 공산주의 같은 것들을 떠올립니다. 우리가 해방 이후 분단과 한국 전쟁을 겪었잖아요. 반공을 내걸고 인권을 짓밟은 독재 권력의 기억이 있어요. 그래서 보통은 부정적인 이미지가 있습니다. 냉전 시기 자유주의 진영에서는 마르크스주의자들을 '빨갱이'라며 배척하고 비난했죠. 또한 현실 사회주의 국가들이 잔혹하게 인권을 탄압했던 역사가 있기에 그렇게 생각할 수밖에 없습니다. 그러나 우리는 이론과 실제는 구분할 수 있어야 해요. 자본주의 이론과 자본주의 실체를 구분해야 하듯이 사회주의, 공산주의도 이론과 실제를 구분해야 합니다.

그렇다면 마르크스의 이론은 어땠을까요? 한번 살펴보겠습니다. 일단 마르크스에게 있어 권리는 선험적이고 보편적이지 않습니다. 그런 측면에서 앞서 소개한 공화주의, 공동체주의와 비슷합니다. 이들에게 권리는 특정한 역사적 발전 단계에 있는, 경제·사회 구조 속 투쟁의 산물입니다. 즉, 계급 투쟁의 산물이에요. 마르크스주의 역사관은 단계적입니다. 원시 공산 사회에서 중세 봉건 사회를 거쳐 자본주의로 이행하고 그다음 사회주의 사회로 넘어갑니다. 이러한 단계적 변화의 동력은 바로 계급 투쟁에 의한 혁명입니다.

한편 역사적 단계에 따라 그에 부합하는 법적 제도로서 권리 체계가 등장합니다. 봉건주의에서 자본주의로 넘어오면서 부르주아의 민주적인 권리들이 등장한다는 거예요. 그 계기는 바로 계급 투쟁, 즉 혁명이었고요. 사회주의자들은 이때 생긴 시민적·정치적 권리를 형식적 권리에 불과하다고 비판합니다. 돈 있는 사람들, 자본가들이 누리는 권리일 뿐 보편성이 없다고 봐요. 그래서 이러한 모순된 상황을 바꾸고 사회주의로 이행하게 되는 계기가 바로 프롤레타리아 혁명, 즉 사회주의 혁명입니다. 그래서 생산 수단을 소유하지 않은 계급인 프롤레타리아는 부르주아 혁명이 이루지 못한 보편적 인간 해방을 가져오는 주체가 돼요.

자본주의 사회에서 시민적·정치적 권리들은 불완전하다, 총체적인 해방으로 가려면 사회적·경제적 권리의 보장이 필요하다, 이것은 사회주의 단계에서 가능하다고 보는 겁니다. 그러니까 사회 이론으로서 마르크스주의가 인권에 반한다, 혹은 권리에 대한 인식이 없다고 보기는 어렵습니다. 다만 보편적 권리로서의 인권 확장에 관한 시각이 다를 뿐이죠. 그래서 지금까지 각 사회·정치사상적 측면에서 인권을 어떻게 바라보고 있는지 이야기를 나누었고요. 다음으로 말씀드릴 주제는 '인권의 보편성'입니다.

오늘날 인권은 다양한 문화권에서 합의한 내용을 토대로 합니다. 기독교, 불교, 유교, 이슬람 등 종교가 달라도, 역사와 민족, 전통이 달라도 최소한 이것만큼은 보장해야 한다는 것들이에요. 신체의 자유, 생명권을 보장해야 한다고 했을 때 아무리 종교·문화가 달라도 이견을 달지 않습니다. 문제는 해석이에요. 그래서 인류가 합의한 인권 규범을 어떻게 해석하고 실천할 것이냐 하는 문제를 두고 보편주의와 특수주의 논쟁이 일어납니다.

서구권에서는 사회적 인권, 복지권 등도 모두 존중합니다. 그러나 제3세계 일부 국가에서는 기본적으로 먹고살 권리마저 보장되지 않아요. 그들 나라에서 인권은 '그림의 떡'에 불과합니다. 나라마다 형편이 다릅니다. 가난하고 여력이 없어서 실천하고 싶어도 못 해요. 이런 상황에서 인권을 어떻게 보편적으로 실현할 수 있을까요? 그래서 특수성을 고려하여 해석과 이행의 여지를 허용하지 않으면 오히려 규범 자체가 무효화 또는 무력화될 개연성이 있습니다. 그런 나라들에는 희망 고문이 될 수 있어요. 그래서 각자 상황을 고려해야 한다, 보편적인 개념이라고 해서 무조건 따라야 한다는 말은 현실성도 없고 외려 역효과만 낸다는 게 특수주의particularism적 입장입니다. 맞는 말이지만 이런 논리에는 함정이 있어요. 인권을 침해해놓고는 우리 상황 때문에 어쩔 수 없다고 핑계를 댈 수 있습니다. 그렇다면 어떻게 해야 할까요?

전 세계에 보편적으로 확산된 인권 개념을 실천하려면 점진적이고 단계적인 전략이 필요합니다. 지금 실제로 인권이 보장되지 않은 지역이 많아요. 이런 걸 죄다 무시하고 동시적으로 한꺼번에 인권을 확립하기는 어려워요. 상황이 이렇기에 우리가 어느 지역에서 인권 보장을 실천해야 할 때는 특수성과 보편성을 동시에 고려해야 해요. 이미 인권이 확립되었다고 자부하는 지역도 자세히 들여다보아야 합니다. 법률 등 제도적으로는 보장하고 있지만 실제로는 그렇지 않을 때가 많기 때문이에요. 형식적인 보편성에 만족할 게 아니라 이것이 실질적인 편파성은 아닌지 살펴보아야 합니다.

과거 프랑스 혁명 때도 그랬잖아요. 누구나 천부인권이 있다고 선언했지만 실제로는 백인 남성 집단만 거기에 해당했습니다. 보편적 인권 개념이 확산하는 동안 사회적 약자를 배제하는 일이 빈번했어요. 페미니스트나 소수자 인권 운동가들은 인권 개념이 확립되기 시작한 근대 이후의 역사를 들어 이를 비판합니다. 페미니즘은 묻습니다. 근대 정치사상이 여성의 권리에 관심을 가진 적이 있는지 말이에요. 그랬다면 여성의 인권이 오늘날 세계적으로 이렇게까지 취약할 리 없으니까요. 그래서 이들은 인간 혹은 개인이란 근대의 보편적 개념 안에 여성이 철저히 배제되었다고 비판합니다. 근대적 시민 사회가 보편적 해방을 이루기는커녕 여성에게는 또 하나의 억압적인 질서를 구축했다고 평가해요. 혁명 이후의 문화 역시 남성 중심적인 가부장 문화였다고 말합니다. 실제로 프랑스 혁명 직후 제정된 '인간과 시민의 권리 선언'에도 여성은 해당하지 않았죠. 투표권은 물론 공공장소에서 연설할 권리조차도 인정되지 않았습니다.

20세기 들어 페미니즘은 젠더사회적 성의 문제를 화두로 공감대를 넓혀가고 있습니다. 세계적으로 제도적, 의식적, 문화적 변혁을 주도하고 있어요. 요컨대 페미니즘의 문제 제기는 인권 그 자체에 대한 문제 제기가 아닙니다. 형식적인 보편성이 실질적 편파성을 감추고 있는 현실에 대한 비판이에요.

이상으로 다양한 사상적 흐름과 이들이 인권을 어떻게 인식했는지 살펴보았고요. 다음으로 말씀드릴 것은 인권의 우선순위입니다.

## 인권 체계 내의 우선순위

인권에는 여러 하위 부분들이 있습니다. 투표권, 노동권, 환경권, 행복 추구권 등 갈수록 그 분야가 많아지는 추세예요. 결국 인권은 이러한 부분들이 모여서 구축한 하나의 체계라고 할 수 있습니다. 때로 권리끼리 부딪치기도 합니다. 그럴 때는 무엇을 먼저 챙겨야 할지 무엇을 먼저 실현하고 보장해야 할지 판단해야 합니다. 여기에는 어떤 절대적인 원칙이 없습니다. 지역과 사회마다 달라요.

일례로 중국 같은 사회주의 국가는 경제적 인권을 중요하게 생각합니다. 그래서 국가 차원에서 부를 늘리는 데 상당히 신경을 쓰죠. 반면 정치적 인권은 소홀합니다. 이런 일은 과거 개발 도상 국가에서 자주 일어났습니다. 우리나라만 해도 과거 경제 성장을 위해 개인의 인권을 희생하는 게 당연하게 여겨졌잖아요. 그런 배경에는 일단 먹고사는 게 중요하다는, 생존권이 우선이라는 사람들의 인식이 깔려 있습니다. 그래서 독재를 용인한 측면도 있어요.

국가 단위로 인권을 보장한다고 했을 때 모든 차원에서 일시적으로 보장하기 어렵다는 현실적인 한계도 있습니다. 그래서 발전 단계에 따라 우선 실현해야 할 권리를 따지는 게 필요해요. 실제로 서양의 여러 나라도 순차적으로 권리가 실현되면서 일정 체계가 갖추어졌어요. 이러한 인권의 발전 단계를 바탕으로 1~4세대로 나누어 설명합니다. 1세대는 시민적·정치적 권리였어요. 2세대는 경제·사회·문화적 권리였습니다. 3세대는 연대적 권리입니다. 이러한 과정은 우리가 권리의 우선순위를 정할 때 참고할 만합니다. 특히 과도기에 있는 나라들에게는 좋은 시사점이 될 수 있어요. 이러한 논의들은 지구가 하나로 이어진 오늘날 인권 실현의 주체는 누구인가 하는 문제로 이어집니다.

교통과 통신이 발달하면서 오늘날 세계는 국경이 의미가 없어질 정도로 하나로 이어지고 있습니다. 이런 시기에도 여전히 국가 단위가 인권 보장의 주체라고 할 수 있을까요? 전 지구적인 문제들은 어떻게 해결할 수 있을까요?

학자들 사이에서는 여전히 국가가 강력한 인권 보장 주체라는 주장과 지구적인 규모의 연합체, 즉 '세계 국가'를 구성해서 인권을 실현해야 한다는 주장, 개별 국가와 세계 기관이 협력해야 한다는 주장 등이 나오고 있습니다. 이처럼 지구화와 다문화 추세는 인권의 소유 주체와 인권 이행의 책임에 대해 새로운 관점을 요구합니다. 이와 관련해 보편주의적 범세계주의와 공동체주의를 대비시켜보는 것이 이해에 도움이 될 듯해요.

우선 보편주의적 범세계주의는 지구상의 모든 개인이 생존권을 보장받을 권리가 있다고 주장합니다. 만인의 권리를 보호·보장해줄 도덕적 의무가 전 인류에게 있다고 강조해요. 예컨대, 영국 사회학 교수인 야스민 소이잘은 탈국가적 시민권 개념을 제시합니다. 독일의 철학자 토마스 포게는 부자 국가들의 특별한 의무를 강조합니다. 미국 철학자 앨런 게워스는 인권은 모든 인간에게 한두 가지 이상의 의무를 부과한다고 주장합니다. 모두가 국가 단위를 넘어서는 논의들이죠.

이번엔 공동체주의의 입장을 한번 볼까요. 그들은 국가 단위를 여전히 강조해요. 개인이 속한 공동체들인 이웃, 동포, 민족 등이야말로 권리 보장의 의무를 지니고 있다고 봐요. 예컨대, 미국 정치학자인 리처드 대거 역시 이방인보다 같은 공동체에 속한 구성원들에 대한 의무의 이행을 상대적으로 강조합니다. 이들은 대개 각국 정부와 민족 공동체가 인권 보장의 주체라고 이야기해요. 제3의 입장도 있습니다. 미국의 철학자 제임스 니켈은 인권이 실효성 있게 보장되려면 개인이 속한 정부, 다른 사회의 정부, 국제 제도, 동료 시민 그리고 모든 개인들의 협조가 필요하다고 주장합니다. 좀 더 폭넓게 접근하고 있죠. 하버드 대학의 인권 교수인 스티븐 마크스는 '연대의 권리'를 말합니다. 평화, 생태 균형 등 오늘날 인류가 풀어야 할 숙제를 해결하려면 개인과 국가는 물론 공적·사적 결사들 및 국제 공동체들을 포괄하는 공조가 필요하다고 해요. 여러 단위 주체들이 힘을 모으자는 거죠.

마지막으로 인권 규범의 보편성을 어떻게 확립할 것인가 하는 문제에 대해 말씀드리면서 강의를 맺을까 합니다. 앞으로 인권을 신장시키고, 적극적으로 확산시켜야 한다는 데는 많은 분이 동의해요. 다만 어떻게 이것을 가능하게 할 것이냐 하는 전략상의 문제를 두고는 의견이 분분합니다. 먼저 인권 규범의 보편 타당성에 대해 확신하지 못하는 사람과 집단이 여전히 남아 있습니다. 이들을 수용하려면 어떤 노력이 필요할까요? 먼저 적극적인 문화적·종교적 소통 체계를 확립할 필요가 있겠습니다. 이성적으로, 논리적으로 설득할 수도 있겠지만 여기에는 한계가 있습니다. 사람을 움직이려면 마음을 얻어야 해요. 정서적 공감 능력을 활용할 필요가 있습니다.

역사적으로 인권의 확립은 억압받은 민중들의 분노와 투쟁의 산물이었어요. 세계 인권 선언이 제2차 세계 대전과 홀로코스트라는 참사 위에 세워진 것만 봐도 알 수 있습니다. 여기에는 인류 공동의 두려움, 분노와 반성이 담겨 있어요. 이러한 감정이 우리를 연대하게 합니다. 합리적인 설득과 정서적인 공감 모두가 필요합니다. 전쟁과 참사 등 각종 인권 침해 사례에서 보이는 폭력과 고통의 경험은 우리를 함께 맞서게 합니다. 이때 인권은 지적 관심의 대상이 아니라 실존적 요구가 돼요. 인권은 이론이 아니라 공감과 기억으로 전파됩니다. 저는 이런 측면을 강조하고 싶어요.

갈수록 복잡하게 변하는 상황 속에서 인권의 미래를 전망하기란 매우 어렵습니다. 낙관할 이유도 있지만 비관할 수밖에 없게 하는 요인도 분명히 존재하기 때문이에요. 그렇다면 두 전망 사이에서 우리는 어떻게 해야 할까요? 현실이 엄혹하다고 해서 비관주의나 회의주의에 빠지지 않아야 합니다. 우리에게는 합리적인 이성과 공감 능력, 그리고 소통 능력이 있습니다. 그러므로 확신을 품고 대안을 모색해야 해요.

# 인권

## 5

## 인권 사상으로 읽는 인권의 역사

박홍규

**박홍규**

세계에 대한 폭넓은 이해를 바탕으로 글을 쓰는 저술가이자 노동법을 전공한 진보적인 법학자다. 걷거나 자전거를 타고 시골에서 농사지으며 자유·자연·자치의 삶을 실천하고 있다. 오사카시립대학에서 법학박사 학위를 받았고 오사카대학 등에서 강의하고 하버드로스쿨, 노팅엄대학, 프랑크푸르트대학 등에서 연구했다. 1997년 『법은 무죄인가』로 백상출판문화상을 수상했고, 2015년 『독서독인』으로 한국출판평론상을 수상했다.

# 인권

## 5. 인권 사상으로 읽는 인권의 역사

### 강의

안녕하세요, 박홍규입니다. 이번 강의 주제는 '인권 사상으로 읽는 인권의 역사'입니다. 그래서 이 자리에서는 먼저 오늘날 잘못된 자유 개념을 짚어보는 것에서 시작할 거예요. 그런 다음 고대 그리스의 인권 개념 탄생과 오늘날 우리가 아는 다양한 권리들, 예를 들면 신체적, 정신적, 정치적, 경제적, 사회적 인권의 내용을 살펴보는 시간을 가져보도록 하겠습니다.

## 자유 없는 한국의 '자유 민주주의'

먼저 요즘 화제가 되고 있는 '자유'에서 시작할까요. 최근 대통령이 각종 연설에서 자유를 언급하면서 그 중요성이 강조되고 있는데요. 행여 그 의미를 왜곡하여 받아들이고 있는 건 아닌지 의심스럽습니다. 고전적인 의미에서의 '자유'란 원래 국가 권력에 대한 개인의 자유를 뜻했어요. 그런데 대통령의 연설에서는 그런 뜻보다는 반공 사상 혹은 자본주의적인 사고를 말하는 식으로 쓰이는 것 같아요. 하지만 이는 '자유'의 원뜻에서 많이 벗어나 있습니다.

근대 사상으로서 자유 개념을 정립한 사람은 존 스튜어트 밀입니다. 그가 살던 19세기 당시 영국은 전 세계에 식민지를 둔 거대한 제국이었어요. 밀은 영국 동인도회사의 고급 관리였어요. 동인도회사는 본국의 식민지 정책을 충실히 수행하는 기관이었습니다. 우리나라로 치면 일제 강점기 때 조선총독부에 해당하겠죠. 당연히 이 사람의 사고방식도 제국주의적일 수밖에 없었어요. 게다가 이분은 철두철미한 엘리트주의자였습니다. 이러한 사실을 감안했을 때 그의 자유론은 모두를 위한 자유라기보다는 어느 정도 권력을 가진 백인 상류층의 자유를 옹호했다고 볼 수 있어요. 그럼에도 당시 그의 주장은 많은 사람의 지지를 받았습니다. 그만큼 개인의 권리를 중요하게 여기던 시절이었어요.

그렇다면 밀이 활동하던 당시의 자유와 요즘 보수 정당이 강조하는 자유는 어떤 차이가 있을까요. 단적으로, 밀은 노동조합의 자유를 주장합니다. 밀은 공동체와 개인 사이의 균형을 위해 경제적 창의와 자유를 중요시했습니다. 또한 경제력 권력 남용의 방지가 필요하다고 보았어요. 그래서 국가·시장 권력으로부터 시민의 기본권을 지켜야 한다고 보았습니다. 그런데 우리나라는 지금도 대통령을 비롯한 보수 정당이 마치 노동조합을 범죄단체 보듯이 해요. 21세기 대한민국에서 과연 이러한 자유가 실현되고 있을까요?

요즘 보수 정당과 대통령이 강조하는 자유 개념은 고전적인 자유의 가치보다 소위 말하는 신자유주의 질서를 합리화하는 쪽으로 사용됩니다. 실제로 그들은 오로지 시장과 기업의 자유만을 강조합니다. 이는 국가 권력, 시장 권력에 대항해 사회적 약자를 포함한 시민이 목소리를 내기 위해 '자유'를 외쳤던 역사를 전혀 반영하지 않은 결과죠.

이뿐만이 아닙니다. 그동안 보수 정당과 대통령은 한미 동맹 강화와 한일 관계 개선 등을 언급하면서 '자유 진영'이라는 표현을 사용합니다. 그리고 우리나라에 자유와 민주주의를 위협하는 세력이 있다며 이들을 반자유주의자로 지목해요. 그렇다면 이러한 자유는 과연 누구를 위한 것일까요?

이와 관련해서 흥미로운 여론조사 결과가 발표됩니다. 2023년 〈경향신문〉 신년 여론조사에서 국민 10명 중 7명 이상이 대통령 취임 이후 자유가 축소되거나 이전과 같다고 답해요. 특히 언론 자유가 많이 축소되었다고 답합니다. 실제로 한 방송사는 보도 내용을 문제 삼아 대통령실 전용기 탑승에서 배제당합니다. 그러면서 그 이유로 헌법 수호를 듭니다. 아시겠지만 우리나라 대통령은 헌법을 수호할 의무가 있습니다. 그리고 우리 헌법은 언론의 자유를 보장하고 있고요. 뭔가 앞뒤가 안 맞는 상황이 벌어진 거예요. 우리가 교과서에서 배웠던 '자유'의 의미가 심각하게 훼손되고 있습니다.

다시 존 스튜어트 밀로 돌아와서요, 그의 아버지 제임스 밀은 영국령 인도의 역사를 책으로 집필한 인물이었습니다. 당대의 지식인이었어요. 아들인 존 스튜어트 밀은 그런 아버지 밑에서 독서와 토론 등의 교육을 받습니다. 그래서 10대 때 이미 세계적인 고전과 라틴어, 그리스어 등 다양한 언어를 익혀요. 그리고 20대에는 공리주의에 관련된 독창적인 철학서를 씁니다. 대단한 천재였어요. 이분이 사상계에 남긴 업적이 상당합니다. 특히 19세기에 존 스튜어트 밀의 『정치경제학 원리』는 전 세계 경제학 교과서였습니다. 저 유명한 『자유론』은 당대 자유주의 국가의 바이블이나 다름없었어요.

## 존 스튜어트 밀의 세 가지 자유

저는 존 스튜어트 밀에 관해 책을 쓰면서 이분을 '아나키스트'로 불렀습니다. 물론 그 정도로 국가 자체를 부정하는 사람은 아니었습니다. 다만 가능한 한 개인의 자유, 개인의 개성, 개인의 개별성 등이 존중되어야 하고 국가는 이를 보장하기 위해 최소한의 선을 지키는 것으로 충분하다고 보았어요. 소위 말하는 작은 정부를 옹호했죠. 존 스튜어트 밀은 '인간 자유의 본래 영역'으로 세 가지 자유를 요구합니다.

첫째는 의식의 내면 영역의 자유입니다. 양심의 자유, 사상과 감정의 자유 등이에요. 표현의 자유, 과학, 도덕, 종교의 실제적 또는 사색적인 모든 문제에 관한 의견과 감정의 절대적 자유, 학문의 자유, 표현의 자유, 언론·출판의 자유 등을 포함합니다.

둘째는 취향과 탐구의 자유예요. 우리의 생활을 우리 자신의 성격에 맞도록 계획하고, 그 결과를 감수하면서 우리가 하고 싶은 대로 행동하는 자유입니다. 비록 동료가 우리의 행동을 우둔하고 편협하며 틀렸다고 생각한다고 해도 우리가 그들에게 해를 끼치지 않는 한 그들에게 방해받지 않는 자유예요.

셋째는 단결의 자유입니다. 시민의 단결도 물론이거니와 집회 결사의 자유, 노동조합 결성의 자유 등을 포함해요. 타인에게 해를 끼치지 않는 한 어떤 목적을 위해서도 단결할 자유입니다. 이게 존 스튜어트 밀이 말하는 세 가지 자유예요.

밀의 법적 도덕주의에 대한 비판과 국가 가부장주의에 대한 비판은 범세계적으로 여론의 지지를 받아왔어요. 서구 사회에서 검열이나 동성애, 이혼 같은 분야의 법 개정을 촉구한 근본 지침이 되어 왔어요. 밀이 주장하는 시민의 자율성을 확보하려는 모든 노력과 자유의 바탕에는 '사상의 자유'가 있으며 이것이야말로 자유주의의 본질이라고 강조합니다. 특히 사상의 자유를 비롯한 언론, 출판, 집회, 결사의 자유의 중요성을 강조하며, 교육, 정치, 경제, 사회, 문화에서 다양성을 회복할 것을, 사상의 자유가 상식이 되게 할 것을 역설한 점에서 최근 등장한 신자유주의와는 분명히 달라요.

밀이 『자유론』에서 사회주의에 관해 구체적으로 언급하지는 않았지만 다른 저술에서는 이를 의식한 발언을 합니다.

사유 재산권이 절대적 권리가 아니며, 사회는 충분한 검토 끝에 공익에 방해가 된다고 판단되는 특정 재산권에 대해서는 그 어느 것이든 폐지하거나 변경할 완전한 권리를 가진다고 말해요. 또한 현재 상황에서 사회가 주는 직접적 혜택을 거의 누리지 못하고 있는 많은 사람에게 더 많은 혜택을 주는 방향으로 제도를 바꾸는 것이 필요하다고 주장합니다. 심지어 밀은 지구상의 원료를 공동 소유에 두고, 협동 노동으로 생기는 이익에 만인이 평등하게 참여야 한다고 하는 '자유사회주의liberal socialism'까지 주장해요. 우리 헌법에도 이와 비슷한 조항들이 담겨 있습니다.

따라서 밀의 『자유론』은 우리나라 일부 보수주의 세력들이 주장하는 자유와 차이가 큽니다. 그들은 한편으로는 자유주의를 강조하면서 다른 한쪽으로는 기본적인 양심의 자유, 사상의 자유, 표현의 자유, 언론·출판의 자유를 부정해요. 특히 노동자의 자유에 관한 인식은 매우 심각하죠.

## '시장 신봉자' 밀턴 프리드먼의 선택할 자유

오늘날 왜곡된 자유 개념과 관련해서 살펴보아야 할 또 다른 사상가는 바로 밀턴 프리드먼입니다. 미국의 경제학자인 그는 열렬한 자유시장 경제 신봉자로 알려져 있습니다. 『선택할 자유Free to Choose』는 1980년에 그의 아내인 로즈 프리드먼과 함께 쓴 책인데, 우리나라 현 대통령이 좋아하는 책으로, 공개적으로 그의 자유 개념을 인용하지요. 그런데 프리드먼이 말하는 자유는 앞에서 말한 밀의 자유와 달라요. '시장주의'에 가깝습니다. 프리드먼은 이 책에서 '자신이 원하는 것을 추구할 자유'를 역설합니다. 정부라 해도 이러한 개인의 선택을 방해해서는 안 된다고 주장해요. 이는 오로지 시장에 기반한 자본주의에 의해서만 실현 가능하며 사회주의나 그 유사한 복지주의로는 불가능하다고 봅니다. 따라서 정부의 역할은 최소한으로 축소해야 하며 기본적으로 자유방임을 원칙으로 해야 한다고 강조해요.

"자유 시장에서 사기업을 통한 경제 활동만이 자유를 가져온다"면서 가격, 임금, 교육, 빈곤 퇴치, 차별 철폐 등 모든 사회 문제를 자유 시장의 사기업에 맡기면 되고 정부는 사기업 중심의 경제 활동에 개입하지 말아야 한다고 주장합니다. 이러한 사고방식은 교육, 노동, 복지 등 그 대상을 가리지 않습니다.

공립학교나 노동 보호나 사회 보장 등은 모두 자유 시장에 반하는 것으로 없어져야 한다고 봅니다. 모든 교육은 시장 원리에 따라 사립학교가 담당해야 한다고 주장합니다. 최저 임금법이나 근로기준법 같은 노동법은 물론 사회적 약자를 돕는 사회보장법도 불필요하다고 해요.

특히 복지 제도란 높은 세금 부담을 져야 하는 청년에게 불리하고 노인에게 유리한 시대에 뒤떨어진 '가부장적 보호라는 악'으로 비판합니다. 나아가 복지 제도란 가족을 해체하고, 개인들이 자유롭게 일하고 저축하고 혁신할 동기를 떨어뜨리며, 자본의 축적을 감소시킨다고 봐요. 결론적으로 개인의 자유를 제한하므로 모든 사회 복지 제도는 철폐돼야 한다고 주장합니다. 모두에게 공정하게 부가 나눠진다면 자유는 줄어든다고 믿는 프리드먼은 "평등을 실현하기 위해 강제력을 사용한다면 자유는 파괴된다"고 주장합니다. 극단적인 시장주의의 전형이라고 할 수 있어요. 이러한 프리드먼의 자유관은 우리 헌법과도 충돌해요.

대한민국 헌법 제119조 1항은 "경제 질서는 개인과 기업의 경제상의 자유와 창의를 존중함을 기본으로 한다"고 정하고 있습니다. 여기까지만 보면 프리드먼의 생각과 크게 다르지 않아요. 하지만 이어서 2항은 "국가는 균형 있는 국민경제의 성장 및 안정과 적정한 소득의 분배를 유지하고, 시장의 지배와 경제력의 남용을 방지하며, 경제 주체 간의 조화를 통한 경제의 민주화를 위하여 경제에 관한 규제와 조정을 할 수 있다"고 밝히고 있습니다. 모든 국가의 규제를 악으로 규정한 프리드먼으로서는 결코 동의할 수 없는 지점이죠. 프리드먼의 자유관은 자본주의가 낳은 수많은 폐해를 극복하고 공동체를 지향하는 오늘날의 현실과 동떨어져 있어요.

"모든 국민은 법 앞에 평등하다. 누구든지 성별·종교 또는 사회적 신분에 의하여 정치적·경제적·사회적·문화적 생활의 모든 영역에 있어서 차별을 받지 아니한다."

제11조 ①항이 규정하고 있는 평등권입니다. 세계의 많은 나라가 각종 차별을 막고자 이러한 조항을 두고 있어요. 그런데 프리드먼은 여기에 대해서도 부정적입니다. 결과적 평등을 얻으려는 정부 정책이 개인의 자유를 심각하게 침해한다는 거예요. 자유를 침해하는 평등은 필요 없다는 인식입니다. 이러한 자유 지상주의가 정말 모든 사람의 자유를 실현할 수 있을지는 의문이에요.

프리드먼의 자유관으로 보면 노동 시간 규제도 불필요합니다. 일을 얼마나 할지를 정부가 정할 이유가 없다는 거예요. 개인이 알아서 할 일이라는 겁니다. 세계의 많은 나라가 노동 시간을 규제하는 이유는 바로 사회적 약자인 노동자를 보호하기 위해서예요. 그러지 않으면 장시간 저임금 노동에 시달릴 수 있기 때문입니다. 실제로 자본주의 초기에 많은 사람이 쉴 시간도 없이 일하는 바람에 큰 고통에 시달렸지요. 그러나 이러한 자유관에 입각한 사람들은 지금도 노동시간을 늘려야 한다고 주장해요.

## 보수 언론이 유독 자유를 외치는 이유

우리나라도 최근 필요하면 주 120시간이라도 바짝 일한 뒤 쉬도록 하는 근로기준법 예외 조항을 두자는 주장이 제기됐어요. 현행 정규 노동은 주 40시간주 5일제입니다. 무려 세 배나 많이 일하라는 거예요. 이후 쏟아지는 비판을 의식했는지 다음과 같이 바꿔요. 2022년 12월 12일, 정부는 근로기준법의 탄력 근로 시간제 정산 기간을 현행 최대 3개월에서 향후 365일로 늘리면 주당 최대 69~80시간 노동이 가능하다고 밝힙니다.

우연일까요? 이러한 발표가 있은 다음 날 대통령은 국무회의에서 '민주노총=자유 민주주의 파괴 세력=타협 불가 세력'으로 규정합니다. 오래 일할 자유를 보장하겠다면서 자유의 기본인 단결권을 부정하는 행태를 보인 겁니다. 앞서 존 스튜어트 밀이 인정한 결사단결의 자유는 물론이고, 우리 헌법 제33조의 노동 3권을 부정한 반헌법적인 주장이 아닐 수 없습니다.

노동자의 정당한 자유 권리인 단체 행동을 '자유를 제거하려는 범죄'로 낙인찍은 거예요. 이에 앞서 노동자의 정당한 단체 행동을 업무 개시 명령으로 침해한 것도 우연이 아닙니다. 노동조합 비리를 처벌하겠다며 노동조합의 재정을 들여다보겠다는 발표도 있었는데요. 이는 헌법 제33조에서 '근로자는 근로 조건의 향상을 위하여 자주적인 단결권·단체 교섭권 및 단체 행동권을 가진다'고 명시한 노조의 '자주성'을 침해하는 발상입니다. 그렇다면 자유를 강조하는 사람들이 왜 노동자들의 자유를 침해하고 있는 걸까요?

여러 이유가 있겠지만 저는 한국의 주류 법학자나 법조인들의 왜곡된 사고방식도 그중 하나라고 생각합니다. 이들은 지난 반세기 이상을 노동법이나 사회보장법 같은 법률의 중요성을 간과해왔습니다. 실제로 헌법의 사회권 규정을 실질적인 권리가 아니라고 보는 전통이 헌법이 제정될 때부터 지금까지 내려오고 있어요.

노동법이나 사회보장법은 사법시험 필수 과목도 아니에

요. 선택 과목이지만 인기가 없어서 굳이 선택하지 않아요. 그러니 우리나라 법조인들은 배울 기회도 거의 없고, 배운다고 해도 법 자체가 보수적이라 실질적으로 노동자를 보호하지 못해요. 그래서 모든 판결이나 학설은 사유 재산권 보호에 치중합니다. 그러면서 노동자를 비롯한 사회적 약자를 핍박하는 현실을 외면해요. 우리 헌법이 보장한 노동자의 권리인 파업만 해도 여간해서는 하기가 힘들어요. 법적으로 까다로운 조건을 만들어놔서 '합법적인 파업'이 사실상 불가능해요. 이런저런 이유를 들어 사측 편을 들면서 노동조합을 상대로 한 엄청난 손해 배상 청구를 인정합니다.

극우 보수 언론은 이런 행위를 부추깁니다. '친기업'을 표방한 정부의 재벌 규제 완화를 '진정한 자유'로 칭송해요. 여기에 동조하는 사람들은 '마음껏 소유하고 소비하는 것'만을 자유로 착각하는 듯합니다. 이런 사고는 보수 정권이나 언론에만 해당하지 않아요. 많은 사람이 시장의 자유와 기업의 자유를 옹호하면서 그 외 평등권이나 노동자의 자유 등을 침해하는 행위를 당연시합니다.

이러한 현상을 두고 독일의 철학자 테오도어 아도르노는 "자유의 관념은 너무나도 극심하게 조작되어 결국 강한 자와 부유한 자가 약한 자와 가난한 자의 모든 것을 빼앗는 권리로 타락했다"고 한탄한 바 있습니다. 우리 사회에서도 마찬가지예요. '자유'가 결국 소수 부자들의 입장만 대변하는 근거가 되어버립니다.

프리드먼의 자유주의는 보통 사람에게 복지에 관해 부정적인 인식을 심어줍니다. 국가 기능은 혼란을 방지하는 최소한의 경찰 기능에 한정되어야 한다고 생각해요. 하지만 우리의 현실은 그렇지 않죠. 오히려 검찰과 경찰력을 확대해 나가고 있어요. 프리드먼의 눈으로 보기에도 상당히 모순된 현상이 아닐 수 없습니다.

이는 20세기 말과 21세기 초 수십 년 동안 서구 선진 사회에서 급부상한 감옥의 역할과 형벌 강경책으로의 전환 현상과도 흡사해요. 프랑스를 비롯한 서구의 '신형벌주의'를 분석한 책 『가난을 엄벌하다Les Prisons de la Misere』에서 지은이인 로익 바캉은 말합니다. 신형벌주의는 경제, 사회 분야의 신자유주의와 짝을 이루어 죄와 벌 분야에까지 경제적 사고와 시장 효과, 개인의 책임 의무라는 신념을 확대했다고 말이에요. 그러면서 국가의 역할에 대한 변화를 가리켜 "경제 국가 소멸! 사회 복지 국가 약화! 형벌 국가 강화!"라고 이름 붙입니다.

이는 경제적 규제 완화와 노동 유연화를 특징으로 하는 신

자유주의적 세계화와 관련이 깊습니다. 복지 국가가 해체되고 노동 시장이 불안해지면서 빈곤층이 늘어났기 때문이에요. 계급·계층 구조가 불안정해지면서 위기가 오자 강경한 형벌 정책을 펼칩니다. 국가가 마땅히 해야 할 의무를 다하지 않음으로써 발생한 각종 범죄와 무질서 등을 형벌로 막으려는 겁니다. 어찌 보면 책임을 돌리는 것이나 다름없어요. 구조적 문제를 개인을 벌줌으로써 해소하려는 것이니까요.

이러한 국가의 태도는 우리에게 낯설지 않습니다. 과거 독재 정권에서 늘 해왔던 일이에요. 선출 받지 않은 권력이었던 그들은 자신들의 정치적 이익을 위해 '범죄와의 전쟁', '부정부패자 일소' 등을 내걸면서 국민의 지지를 얻어내려고 했어요. 시장의 자유를 외치면서 한편으로는 국가보안법 등으로 사상의 자유, 언론과 출판의 자유를 억압했습니다. '자유'를 외치는 사람들이 오히려 자유를 억압하는 이러한 역사가 지금도 반복되고 있는 셈입니다. 우리가 밀이나 프리드먼 같은 사람들의 논리를 비판하는 것과 별개로 현실에서 정말 '자유'가 지켜지고 있는지, 하나의 자유로 또 다른 자유를 억압하고 침해하지는 않는지 살펴보아야 해요.

예를 들어 밀은 『자유론』에서 다양성 회복을 주창합니다. 그럼으로써 개인의 자유가 더 나은 사회를 만들게 되는 거예요. 하지만 현실은 어떻습니까? 반대로 획일화되고 있어요. 대표적인 게 우리 교육이죠. 똑같은 교실에서 똑같은 과목을 배우며 똑같은 진로를 꿈꿉니다. 이러한 획일화는 우리 정치, 경제, 사회, 문화 등에 매우 부정적인 영향을 미치고 있어요.

## 국가는 왜 실패하는가

이와 관련해서 살펴볼 책이, 대런 아세모글루와 제임스 로빈슨이 함께 쓴 『국가는 왜 실패하는가』입니다. 이 책의 주제는 다양성과 포용이에요. 이들은 국가가 실패하지 않으려면 다양성과 포용력을 갖고 있어야 한다고 주장해요. 세계 각 나라들의 정치, 경제, 사회, 문화 등을 살펴보면서 무엇이 그들의 흥망성쇠에 영향을 미쳤는지 분석합니다. 그러면서 포용적 제도와 다양성의 정치야말로 한 나라의 성패를 좌우하는 요인으로 지목해요.

예를 들면 이런 식입니다. 여러분 2001년 미국에서 일어난 9·11 테러를 기억하실까요. 당시 자살 테러 폭파범들이 비행기를 납치해 무역센터 건물 등을 폭파한 사건이었습니다.

3000여 명이 사망한 이 사건은 미국인들을 큰 충격에 빠뜨립니다. 그런데 미국은 왜 이런 일을 사전에 막지 못했을까요? 이후 다양한 경로로 밝혀진 바에 따르면 당시 CIA가 사전에 정보를 입수했었다고 하죠. 아시다시피 미국의 정보 조직인 CIA는 세계 최대의 정보력을 자랑합니다. 그런데 왜 이런 일이 일어났을까요? 왜 그들은 참사를 막지 못했을까요? 많은 전문가가 이른바 백인 엘리트 중심의 조직 문화를 지목합니다. 하나의 현상을 다양한 측면에서 바라보고 분석하는 능력을 잃었다고 지적해요. 한마디로 다양성이 사라졌다는 거예요. '끼리끼리 문화'가 조직의 설립 근거인 국민의 안전을 지켜내고 위험에 대비하는 데 걸림돌이 된 겁니다.

위기를 극복하려면 많은 이들의 지혜를 모아야 해요. 다양한 생각들이 모여서 대안을 만듭니다. 그런데 우리는 여전히 획일성에서 벗어나지 못하고 있죠. 학맥, 인맥, 지연 등으로 똘똘 뭉친 소수 엘리트가 사회 각 영역을 지배하고 있습니다. 그러면서 사회적 역동성을 상실했어요.

여러분, 인권은 민주주의 사상의 발전과 함께합니다. 그런데 민주주의의 발상지라 불리는 고대 그리스에는 한편으로는 민주주의를 부정하는 시각이 있었어요. 플라톤이 대표적인 사람이었죠. 플라톤 하면 모든 책은 플라톤의 주석에 불과하다는 말이 있을 정도로 모든 학문과 정치, 경제, 사회, 문화적 사고의 토대가 되는 인물입니다. 하지만 그에 대한 평가는 다양하죠. 제가 보기에 플라톤은 민주주의와 거리가 먼 인물이었습니다.

사실상 차별주의적 사고를 하는 철학자들이 그만큼 많았다는 뜻이에요. 이때의 자유는 시민들의 자유를 의미했습니다. 여성과 노예 등은 적용되지 않았어요. 서양에서 신분제의 틀에서 벗어난 인권 제도가 확립되기 시작한 게 19세기 무렵이에요. 이때 와서야 비로소 모든 사람이 자유롭고 평등하다는 것이 법률적으로, 정치적으로, 경제적으로, 사회적으로 인정됩니다. 인류 전체 역사에서 볼 때 매우 짧은 시간이에요.

그전에는 어땠을까요? 신분제 사회였습니다. 인권이 들어설 여지가 없었어요. 하지만 이때도 인권을 외쳤던 사람들은 있었습니다. 바로 예수, 붓다, 공자 같은 종교 지도자들이었어요. 여러분 십계명을 아시죠? 네 이웃을 사랑하라, 살인하지 말라, 남의 것을 탐내지 말라…. 오늘날 우리가 말하는 인권입니다.

저는 고대 그리스의 플라톤 같은 국가주의의 대척점에 있는 인물이 바로 예수라고 생각해요. 예수의 가르침은 기본적으로 반국가주의, 반권력주의, 반권위주의입니다. 이분은 늘 가난한 사람, 약한 사람, 힘없는 사람의 편에 섰어요.

여러분, 아시다시피 예수는 목수였습니다. 노동자 출신이에요. 당시 목수는 유목민처럼 이곳저곳 떠돌며 살았습니다. 사랑과 가르침을 실천하다가 로마 제국에 맞섰다는 이유로 처형당합니다. 성경을 공부하다 보면 예수야말로 인권 사상의 선구자라는 걸 알게 됩니다.

종교에는 국가주의적 사고와 개인주의적 사고가 충돌하는 지점이 있습니다. 공자와 맹자 등 유교 사상가들도 결국은 어떻게 하면 좋은 나라를 만들 것인가 하는 문제를 고민했고요. 잘 알려지지는 않았으나 농사를 중시한 사상가 중에 허행 같은 사람은 정반대였습니다. 이 사람은 특이하게도 왕도 농사를 지어야 한다고 주장합니다. 백성이 지은 쌀 가져가서 먹지 말고 스스로 일해서 거두라고 해요. 무려 2500년 전에 그런 파격적인 주장을 했던 사람입니다. 그랬더니 맹자가 한마디 하죠. 황제 앞에서 그런 말을 하다니 무엄하다. 그런 내용이 『맹자』에 나와요. 이 밖에도 『맹자』에는 양주라는 사람이 등장하는데 역시 상당히 비판받습니다. 양주는 동양적 개인주의자의 전형이랄 만한 인물이에요. 국가의 통치체계를 부정하니 맹자로서는 얼마나 미웠겠어요.

그래서, 제가 드리고자 하는 말씀은 국가주의와 구별되는 개인주의라는 전통이 동서양을 막론하고 있었다는 거예요. 불교만 해도 대승불교라고 해서 사회와 국가의 구제를 강조하는 사조가 있지요. 저는 이게 불교의 본령은 아니라고 생각해요. 다만 역사적으로, 중국으로 건너가고 조선과 일본에 전파되면서 국가주의에 포섭되었다고 보고 있어요. 어쩌면 이는 모든 종교의 운명인지도 모릅니다.

하지만 인류의 위대한 종교들이 대단히 개인주의적인 것으로 출발했다는 점은 분명합니다. 어떤 외부적인 억압이나 간섭 없이 한 개인의 존엄과 가치를 지키고자 했습니다. 종교는 바로 그곳에서 출발해요. 그러다가 중세를 거치면서는 그러한 정신이 많이 퇴화하지요. 이러한 경향은 19세기 전반까지 계속됩니다. 반전은 19세기 후반에 시작돼요. 민주주의가 발전하면서 인류의 역사에 개인주의가 새롭게 등장합니다. 그 후 인권은 전 세계로 퍼져 나가요. 세계 인권 선언이 공포되고 마틴 루서 킹 같은 사람을 중심으로 흑인 민권 운동이 일어나는 등 사회 각 다양한 계층에서 시민권 운동이 힘을 얻습니다.

우리나라의 역사도 이러한 성취를 이어받고 있어요. 1987년 6월 민주 항쟁을 통해 대통령 직선제를 쟁취하고 이어진 노동자 대투쟁을 통해 노동자들의 권리를 신장시킵니다. 이처럼 개인의 자유와 민주주의의 발전이라는 역사가 있지만, 여전히 해야 할 일이 많습니다. 무엇보다도 앞서 말씀드렸듯이 시장의 자유가 개인의 자유를 억압하는 현실을 바꿔나가야 해요. 대통령이나 보수 언론이 말하는 프리드먼식의 시장 자유주의 수준의 자유 인식을 비판하고, 최소한 존 스튜어트 밀이 『자유론』에서 말한 19세기 수준의 자유라도 제대로 인식해야 해요. 왜냐하면 지금 우리는 200년 전의 자유도 제대로 뿌리내리지 못하고 있어서입니다.

# 인권

6

## 웅거의 인권론과 민주주의

이재승

## 이재승

건국대학교 법학전문대학원 교수로 재직하며 법철학, 법사상사, 인권법, 이행기 정의 등을 강의한다. 민주주의법학연구회를 기반으로 연구 활동을 수행해왔으며, 국가폭력의 청산과 사회민주주의의 혁신을 연구한다. 〈국가범죄〉로 제5회 임종국학술상(2011년)을 수상했으며, 함께 쓴 책으로 『법사상사』, 『트라우마로 읽는 대한민국』, 『양심적 병역거부와 대체복무제』, 『국가범죄』 등이 있으며, 『죄의 문제』, 『주체의 각성』, 『민주주의를 넘어』, 『비판법학운동』, 『지식경제의 도래』, 『미래의 종교』 등을 우리말로 옮겼다.

인권

# 6. 웅거의 인권론과 민주주의

안녕하세요. 이재승입니다. 인권연대 운영위원을 하면서 한동안 진실화해위원회에서 일한 적이 있습니다. 그곳에서 2년간 상임위원으로 있으면서 한국 과거사 문제를 살펴본 적이 있어요. 주로 법률적 견해를 내는 작업을 했는데요. 그러면서 조사를 개시할 때 법리적으로 어떤 문제가 있는지, 어떻게 해결할 수 있을지 등을 그려보게 되었어요.

## 주목받는 로베르토 웅거의 저작

저는 건국대 법학전문대학원에서 법철학을 가르치고 있습니다. 과거 대학원을 마치면서 인권법 분야에 관심을 갖기 시작하였습니다. 당시에는 그러한 전공이 딱히 없었습니다. 다만 개인적으로 연구하는 식이었습니다. 그러다 10년, 15년 지나니 인권학, 인권 법학 등의 용어들이 정립되었어요. 저 나름대로 이 과정에 기여를 하기도 했습니다.

번역 작업도 꾸준히 하고 있는데요. 브라질 출신 미국 하버드 로스쿨 교수인 로베르토 웅거의 저작들을 한국어로 옮겨왔어요. 사실 번역은 할수록 어려운 작업이죠. 원문이 우리말과 딱 맞아떨어지지 않을 때가 있어요. 이러한 불확정성을 최소한으로 줄여야 하는데, 시간이 많이 들어요. 집중력도 필요하고요. 그래서 저는 보통 새벽에 작업을 많이 했습니다.

그렇게 해서 지금까지 웅거의 책 다섯 권을 번역했습니다. 첫 번째가 2012년에 출판된 『주체의 각성』입니다. 최근에는 『지식 경제의 도래』와 『미래의 종교』가 나란히 출간되었어요. 그래서 줄잡아 보면 총 2000페이지 정도를 번역한 것 같습니다. 혹시 아실지 모르겠지만 대학에서는 번역서를 내는 것보다 논문 한 편 쓰는 게 실적 평가에서 훨씬 유리합니다. 연구 성과 점수가 더 높아요. 그럼에도 제가 웅거의 저작에 매달린 데는 이유가 있어요. 그만큼 매혹되었기 때문입니다.

개인적으로 저는 로베르토 웅거야말로 카를 마르크스나 존 스튜어트 밀에 버금가는 학자로 봅니다. 학문적으로도 그렇지만 특히 우리가 인권을 이해하는 데 도움이 많이 될 거로 생각해요. 오늘 말씀드릴 내용도 웅거의 인권론을 토대로 합니다. 그럼 잠시 로베르토 웅거가 어떤 인물인지 알아보도록 하겠습니다.

웅거는 브라질 태생입니다. 독일계 미국인인 아버지와 브라질인 어머니 사이에서 태어났어요. 1947년 리우데자네이루에서 태어난 웅거는 11살까지 뉴욕에서 살아요. 그러다 그해 아버지가 돌아가시자 어머니와 함께 브라질로 갑니다. 거기서 예수회 학교에 다니죠. 1968년에 브라질 리우데자네이루 연방대학교 법대를 졸업하고 미국으로 유학길에 오릅니다. 하버드 로스쿨 비교법 석사 과정LLM에 입학합니다. 과정을 마친 후 군부독재 시기의 브라질로 돌아가려고 하였으나 가족들과 지인들이 만류하고 군사정권은 그의 여권을 무효화시켜서 돌아갈 수도 없는 처지였습니다. 하버드대학이 스물세 살의 브라질 청년에게 로스쿨 강의를 맡깁니다. 그 후

스물아홉에 종신 교수가 되지요.

어머니 가계는 유명한 정치 명문가였어요. 외할아버지가 1920년대 후반 브라질 외무장관을 지냈죠. 1930년대에 브라질도 파시즘의 물결이 들이닥쳐 할아버지는 정치적 박해를 피해 미국으로 망명해요. 그러다 1945년 제2차 세계 대전이 끝나자 브라질로 돌아와 빅텐트 중도파 정당을 주도합니다. 이후 주지사, 상원의원 등을 역임하지요. 한편 웅거의 작은 할아버지는 브라질 공산당 대표였어요. 이런 배경 때문인지 웅거의 저작은 뿌리 깊은 정치적 특성을 보여줍니다.

일곱 살 무렵 웅거의 어머니가 플라톤의 『국가론』을 읽어 주었다고 해요. 아마도 어머니는 웅거에게 지적 자극을 주려고 했나 봅니다. 그런데 정작 웅거는 이원론, 영원한 철학을 철저하게 거부합니다. 『주체의 각성』에서 "나는 별들의 시선에서 세상을 내려보지 않겠다"고 선언해요. 현실에서 벌어지는 일들, 현실 속에서 승부를 보겠다는 거죠. 참고로 정치인이었던 외할아버지는 천문학 교수였습니다.

『주체의 각성』을 보시면 알겠지만 웅거는 실용주의자이면서 예언가이고자 합니다. 웅거는 이를 'unbound pragmatism'으로 표현하는데요. 우리말로 하면 '해방된 실용주의'쯤이 되겠죠. 실용주의는 정치적으로는 현실 안주적인 철학으로 퇴

락했지요. 웅거는 이를 원래의 정신에 입각해서 인간의 여건을 탐구하고 실험하고 극복하자는 제안으로서 해방된 실용주의를 주장합니다. 웅거는 이 세계를 끊임없이 변형, 생성해 나갈 수 있다고 생각해요. 플라톤이나 아리스토텔레스는 현실 이면에 철저하게 본질적인 어떤 것이 있다고 믿고 그것에 관해 말했습니다. 웅거는 플라톤식의 불변적인 이데아를 가정하지 않아요. 웅거는 이러한 사고를 부정합니다. 그런 건 없다. 즉 우리는 역사적 시간 속에서 만들어지고 변형, 생성된다고 보죠. 어떻게 보면 프랑스 철학자 들뢰즈의 논리와 비슷하죠. 그러면서 웅거는 우리가 끊임없이 우리 역량으로 올바른 사회 제도를 만들어내야 한다고 말해요.

## 웅거의 스승과 제자들

웅거는 대학원생 시절에 또래의 덩컨 케네디, 모튼 호위츠 등과 함께 비판 법학Critical Legal Studies, CLS 운동을 주도합니다. 당시 엄청난 파문을 불러왔고 수많은 사람의 지지와 공격을 동시에 받아요. 이들을 추앙하는 사람들은 덩컨 케네디를 CLS의 교황으로, 로베르토 웅거를 CLS의 예수 그리스도라고 부릅니다. 실제로 책을 읽다 보면 예수의 제자처럼 깊은 예언적 메시지들로 넘쳐납니다.

이렇게 활발한 활동을 벌이던 웅거는 스물아홉에 하버드 로스쿨의 종신 교수가 됩니다. 종신 교수는 우리나라에는 없는 제도죠. 평생 동안 교수직을 유지하면서 살 수 있는 거예요. 그만큼 학문적으로 인정받았다는 뜻입니다. 그러나 실천가답게 상아탑에 안주하지 않습니다. 현실 정치에 깊이 발을 담그죠. 2007년 룰라 대통령 시절, 그리고 2015년 지우마 호세프 대통령 시절에 국가전략부 장관을 지냅니다. 브라질과 미국을 오가며 학자로서, 정치가로서 활약합니다.

웅거의 관심 영역은 매우 넓습니다. 철학, 종교, 사회·정치 이론, 우주론, 심리학, 경제학 등에 두루 관심을 보여요. 우리말로 번역되지는 않았지만 리 스몰린이라는 물리학자와 함께 『단일 우주와 시간의 실재성』이라는 두툼한 책도 출판하였습니다. 정신분석 심리학에 관련된 짧은 글들도 있고요. 진보의 대안을 찾는 일, 진보가 가야 할 길을 모색하는 작업도 계속하고 있습니다. 『지식 경제의 도래』에서는 불평등 문제와 포용적 경제를 역설합니다. '법학자가 웬 경제학?' 하고 생각할 수도 있어요. 이에 웅거는 정치 경제학에 대한 이해가 없으면 대안적인 규범 또는 대안적인 질서를 제안할 수 없다고 말합니다.

2023년 현재 우리나라에 소개된 웅거의 책이 8종이에요. 그중 제가 번역 작업한 것이 『주체의 각성』, 『민주주의를 넘어』, 『비판 법학 운동』, 『지식 경제의 도래』, 『미래의 종교』입니다. 그중 첫 책인 『주체의 각성』은 웅거의 철학 개론과도 같습니다. 정치 철학, 종교, 실용주의, 인간성, 인간 정신의 본질, 사회와 경제 등을 다루고 있어요.

『민주주의를 넘어』는 사회 운동 차원에서 정책론적인 사고를 정교화하는 데 도움이 되는 내용이 많습니다. 저는 번역하면서 '급진 민주주의자의 정치 경제 사회 혁신 프로그램'이라는 긴 부제를 더했습니다. 『미래의 종교』에 대해서는 신을 믿는 사람과 그렇지 않은 사람이 각기 다르게 평가할 것이라고 봅니다. 신을 믿는 사람은 현실에서의 행동이 죽음 이후의 삶과 연결된다는 신념을 가질 것이고, 그렇지 않은 사람들은 강력한 인본주의를 생각할 것이라고 봅니다. 다만, 신을 믿지 않는 사람들도 지금 우리가 하는 일이 미래 세대와 연결되어 있다는 점을 긍정하지 않을 수 없겠지요. 웅거 역시 '신 없는 신학', '신이 있는 신학' 두 가지를 이 책에서 전개하였습니다.

『미래의 종교』는 유교, 불교, 기독교, 이슬람교 등 다양한 고등 종교뿐만 아니라 인간의 사유, 사상, 의식을 포괄하고 이를 세 가지 타입으로 나눠서 얘기하고 있어요. 종교적 사유에 세 가지 방향성이 있다는 거예요. 이 밖에 『정치』, 『지식 경제의 도래』도 웅거의 사상이 잘 녹아 있는 책들이에요. 많은 참고가 되었으면 합니다.

웅거의 이러한 사상은 여러 인물의 영향을 받았습니다. 우선 니콜라우스 쿠자누스가 있습니다. 15세기 독일의 신학자이자 철학자인데요. 많은 철학자들이 그를 모두 근대 철학의 아버지라 불릴 만한 인물로 평가합니다. 인간이 세계를 주체적으로 형성할 수 있다는 생각을 피력했습니다. 바로 우리가 아는 르네상스적 인간관이죠. 그 다음이 우리에게도 잘 알려진 계몽주의 사상가인 루소 그리고 칸트, 헤겔, 밀, 마르크스, 에머슨, 프루동, 베버, 제임스 등입니다.

20세기 미국 철학자인 윌리엄 제임스는 실용주의자로 불리죠. 현대 철학자 중에는 베르그송, 화이트헤드를 꼽아요. 웅거는 『미래의 종교』에서 과정을 중요시하는 '과정 철학자'이자 반플라톤주의자인 베르그송과 화이트헤드의 사유와 자신의 생각이 유사하다고 말합니다. 영국 경제학자 제임스 미드도 영향을 끼칩니다. 노벨 경제학상을 받은 이 사람은 사회 배당금이나 재산 소유 민주주의를 제안했거든요.

그 다음이 프랑스 사회학자인 페르낭 브로델이 있죠. 이 사람은 자본주의에서 시장이 완결된 체제가 아니라고 봐요. 웅거의 사상의 핵심도 그렇습니다. 완성형 제도가 없어요. "태양 아래 새로운 것은 없다"를 웅거식으로 변형하면 "태양 아래 완성된 것은 없다"라고 할 수 있어요. 자연, 우주도 끊임없이 변하는데 하물며 인간 사회가 고정불변일 리 없죠. 우리가 어떤 집단적인 힘을, 즉 압력을 사회 제도에 가하면 제도는 바뀔 수밖에 없다는 게 웅거의 생각입니다. 시장 경제가 완성형이 아니라는 브로델의 생각은 웅거를 통해 더 급진적으로 확장됩니다.

이처럼 웅거의 사상에는 수많은 철학자, 사회이론가, 정치학자들의 생각들이 녹아 있어요. 그들의 영향을 받기도 했지만 한편 많은 사람에게 영향을 끼칩니다. 여러분도 잘 아시는 버락 오바마 전 미국 대통령이 로베르토 웅거를 자신이 존경하는 다섯 사람 중 한 명으로 꼽을 정도예요. 그럼 본격적으로 웅거의 사상 속으로 들어가 보도록 하겠습니다.

## 웅거의 주류 학문 비판

우선 웅거의 '주류 학문' 비판을 주목할 필요가 있습니다.

'주류'라는 게 뭘까요? 웅거가 보기에 세속화된 학문이랄까요, 현실을 바꾸는 데 애매한 입장을 취하는 학문들입니다. 산업 혁명 이후 산업화가 정착되고 오늘날 복지국가가 사회제도로 정착된 시기에 이런 학문 경향이 주류가 되겠죠. 웅거는 이러한 학문 경향을 합리화, 인간화, 도피주의로 규정합니다. '합리화'는 사회과학에서 나타나는 현상이고, '인간화'는 정치철학이나 법학과 같은 규범학에서 나타나는 주류학문의 현상입니다. 그리고 도피주의는 인문학, 문화 예술계에서 나타나는 현상입니다.

먼저 합리화에 대해 말씀드리겠습니다. 웅거가 말하는 합리화란 현대 사회의 관행과 제도가 여기에 대한 대안들과의 경쟁에서 살아남았으니 그 정당성이 입증되었다는 사고입니다. 한마디로 지금 제도가 최선이라는 거예요. 이런 '합리화'가 퍼진 이유를 웅거는 '속류 마르크스주의 세 가지 가정'과 실증적 사회과학의 공모 결과로 파악합니다.

현대 실증 사회과학은 다룰 수 있는 문제만 다룹니다. 수량화할 수 있는 것만 설명하려고 해요. 아주 파편적이죠. 이런 식으로 전체를 볼 수 있을까요? 그래서 웅거는 순수 과학 자체를 동어 반복으로 봅니다. 그들이 제시하는 결론은 통찰이 부족해요. 증명할 수 없는 데에는 가치를 두지 않아요. 그러다 보니 지금까지 밝혀진 사실에 안주하는 경향이 있는 거예요. 많은 학문 영역들이 그렇지만 그중에 경제학이 유독 심하죠. 주류 경제학자들은 자유 시장 경제를 맹신하잖아요. 마치 영원불멸의 제도로 인식합니다. 과거 사회주의와의 대결에서 승리했으니 더 나은 제도는 없다고 말해요. 결국 대안은 없고 지금 것이 최선이라고 합리화합니다. 웅거가 보기에 이는 비관주의적인 태도예요.

그래서 현대 자본주의는 인류가 발견한 최상의 경제 체제로 신성시됩니다. 당연히 오류는 있을 수 없죠. 문제가 있더라도 약간의 손질만 하면 된다는 식입니다. 실제로 우리나라 경제학은 대부분 이렇게 가르쳐요. 민주주의도 그렇습니다. 지금의 대의 민주제를 완성형으로 봅니다. 서구의 대의적 민주주의도 시장 경제와 마찬가지로 합리화하죠. 웅거는 이를 두고 '제도적인 물신 숭배institutional fetishism'라고 지적해요. 전형적인 우파들의 사고방식이 이렇다고 지적해요.

'속류 마르크스주의의 세 가지 가정'은 뭘까요? 하나는 완결적인 역사 인식입니다. 마르크스주의는 역사 발전의 단계를 제시합니다. 이런 인식에서 자본주의에 이은 사회주의-공산주의 출현은 필연이라는 것이지요. 웅거는 말합니다. 과거는 유형화해서 법칙적으로 이해할 수 있지만 미래는 그렇지 않다. 미래는 사람이 만든다. 그러면서 완결성 체제는 역사가 개방돼 있다는 사실을 부정한다고 비판해요.

두 번째는 '불가분성' 테제인데요. 자본주의를 바꾸려면 자본주의를 붕괴시켜야 한다는 속류 마르크스주의 가정이에요. 그러나 제도는 언제든 바꿔나갈 수 있는 거잖아요. 시장경제 안에서 다양한 변주를 만들 수 있다고 웅거는 주장합니다. 세 번째 가정은 '법칙적 진보' 테제입니다. 인간 역사가 필연적으로 진보한다는 가정이에요. 인간의 행위는 거기에 종속됩니다. 그러니까 가만히 있어도 그렇게 된다는 거잖아요. 결정적인 시기가 오면 그렇게 된다는 것이지요. 웅거가 보기에는 말도 안 되는 얘기입니다. 인간이 집단적 힘을 가지고 주도적으로 바꾸어야 하고, 결정적 위기가 없는 경우에도 제도를 바꿀 수 있어야 한다고 주장합니다.

현실에서 사회주의의 실패까지 지켜본 사람들은 깊이 좌절합니다. '인간은 구조를 바꿀 수 없다. 오히려 구조가 인간의 주인이다.' 하는 식으로 생각을 바꿔요. 이것 역시도 결정론적인 사고죠. 웅거는 이를 구조 물신숭배structural fetishism라고 명명합니다. 이러한 사고는 좌파들의 생각입니다. 결과적으로 우파들의 사고와 다를 바가 없지요. 그래서 웅거는 이러한 속류 마르크스주의적 태도와 실증 사회과학의 방법론이 대안이 없다는 인식을 퍼뜨리고 현실을 합리화하고 있다고 보았지요.

웅거의 주류 학문 비판 두 번째 지점이 '인간화'인데요. 구조를 바꾸는 대신 기성 구조 안에서 희생자에게 적절한 위안을 제공하는 방식입니다. 분배적 정의를 강조한 존 롤스를 사례로 꼽습니다. 물론 롤스의 후기 사상재산 소유 민주주의에 대해서는 웅거도 우호적으로 평가합니다. 약자에게도 혜택이 돌아가는 이상적 법 해석을 주장한 로널드 드워킨도 비슷해요. 중도적 자유주의라고도 하는데요. 자유주의 안에서 진보를 추구하는 사고 경향이라고 할 수 있습니다. 웅거는 구조 개혁에 대한 포기를 인간화라고 규정합니다. 웅거가 이러한 경향에 대해 철저하게 비판했지만, 한국의 현실에 비추어보면 그 정도의 수준만 되도 좋겠다고 생각할 사람이 많겠지요.

마지막 비판 대상은 바로 '도피주의'죠. 주류의 문화 예술이 현실을 외면하고 상상 속에서 도피를 추구한다는 지적이에요. 그래서 그는 『주체의 각성』에서 다음과 같이 말합니다. "문학은 의식의 반대 조류를 탐색하고, 정신과 구조 간의 투쟁을 추적하고, 이상이 제도와 관행 속에 육화되고 변형된 과정을 보여주고, 상상하고, 재구성할 자유가 어떻게 박탈되고 회복되는지를 드러내고, 목소리를 잃어버린 사람들에게 목소리를 부여하고, 미시적인 것에서 거시적인 것으로, 열정에서 계산에 이르기까지 주변 세계의 유한성에 맞서 우리 안의 무한성의 반란을 보여주는 것이다." 쉽지 않아 보이죠? 문학은 권선징악을 넘어서 새로운 삶의 형식을 창조해야 한다는 것입니다. 이런 책무가 인문학에는 있다는 겁니다.

웅거에게 구조 개혁은 항상 사람의 문제입니다. 인간의 역량 강화가 구조 개혁과 함께 가야 한다고 봐요. 일종의 공진화입니다. 정치학, 경제학, 철학, 문학 할 것 없이 그래요. 웅거는 기존의 틀에 안주하고 주변부에서 땜질이나 하자는 식의 태도를 거부합니다. 대신 점진적이고 누적적이고 지속적인 구조 개혁의 길을 추구해요. 그래서 웅거는 과학을 현실적인 것에 대한 통찰과 그다음, 앞으로 무엇을 해야 하는가에 대한 상상력의 결합이라고 말합니다. 학문이 현실에 만족하지 않고 늘 미래를 향해야 한다는 거예요. 이때의 미래는 정해진 게 아닙니다. 열린 세계예요. 웅거는 이러한 태도야말로 가장 과학적이고 정치적이라고 주장해요.

대변혁을 꿈꾸는 좌파들이 보기에는 시시하고 우파들이 보기에는 위험하죠. 웅거는 마르크스주의, 보수적 사민주의, 제3의 길, 신자유주의 등을 비판하고 이의를 제기해요. 스스로 자기 입장을 '제2의 길'로 표현합니다. '급진 민주주의적인 개혁 프로그램', '사민주의적 혁신'이라고도 하고요.

『지식 경제의 도래』에서 웅거는 정치 경제학의 고전적 의미를 실천해보겠다고 합니다. 여기에는 정치 경제학을 창시한 마르크스 외에도 존 스튜어트 밀과 알렉시 드 토크빌의 사상이 큰 영향을 미쳐요.

토크빌은 실제 제도에는 여지가 많다고 얘기해요. 파편화하여 분석적으로 보면 전체가 어떤 완결된 것처럼 보이지만 그렇지 않다는 거예요. 열려 있기에 변화할 수 있습니다. 웅거는 이러한 사고를 주변에서부터 중심으로 바꾸어가자는 논리로 변용합니다. 그러니까 우리에게는 생각하는 것보다 훨씬 많은 실천의 기회가 있다는 겁니다.

밀은 『정치 경제학의 원리』에서 당대의 실천적인 문제를 담아냅니다. 어떻게 하면 불로소득을 없앨지 등을 고민했죠. 사실 불로소득은 19세기 초반에 경제학이 막 탄생했을 때부터 시급히 해결해야 할 문제로 지적됐습니다. 이런 게 오늘날까지 이어지고 있죠. 지금도 손쉽게 돈을 벌려는 사람들이 많잖아요. 부동산도 그렇고 주식도 그렇고 온통 투기장이 되어갑니다. 투기를 없애려면 어떻게 해야 합니까? 국가가 나서서 투기장을 통제해야 해요. 그래서 지대 소득을 환수하자거나 주택에 세금을 매기자는 얘기들이 이때부터 나와요.

그 다음에 흥미로운 것이 밀의 기업관인데요. 미래에는 자본가가 회사의 운명을 좌지우지하고 노동자는 일만 하는 형식이 아니라 노동자 소유 협동조합이나 노동자와 자본가가 절반씩 지분을 나누어 갖는 그런 기업 형태가 지배적일 거라고 얘기합니다. 그의 생각은 미래에 사는 우리에게 시사하는 바가 큽니다. 그런 방향으로 경제 구성을 바꾸어나가자는 학자들이 적지 않습니다. 서구 자본주의 국가 안에서도 다양한 기업 형태에 대한 실험들이 이루어지고 있습니다. 밀은 당시 유행하던 공산주의국가 소유를 따르지는 않았어요. 경직된 집단주의를 좋아하지 않았습니다. 그러면서 색다른 자유를 주장하는데 바로 인생에 있어 모든 사람이 실험할 자유였습니다.

## 웅거의 실험주의

웅거에 따르면 역사는 개방돼 있고, 제도는 우연적입니다. 충분히 바꿀 수 있어요. 다만, 집단 의지 그리고 실험주의 같은 게 필요하다는 거예요. 역사적으로 볼 때도 많은 실험이 있었습니다. 인간 역사가 실험들로 채워져 있지요. 어떤 면에서는 역사 자체가 일련의 장구한 시행착오라고 할 수 있습니다.

존 듀이, 메를로 퐁티, 슐로모 아비네리, 코넬리우스 카스토리아디스, 악셀 호네트, 리처드 로티 같은 사람들도 비슷하게 생각하지요. 특히 호네트는 『사회주의 재발명』에서 기존 사회주의의 한계를 언급합니다. 왜 설득력을 상실했을까 하는 고민을 통해 더 나은 역사로 향하는 새로운 사회주의를 제안합니다. 일종의 '역사적 실험주의'인 거죠.

웅거에게 사회 제도는 우연에 불과합니다. 하지만 사람들이 이를 절대화하고 그대로 놓아두면 딱딱한 돌덩어리로 굳어버려요. 저항하지 않으면 운명처럼 되는 거예요. 하지만 저항하는 순간 가변성이 생깁니다. 웅거는 '가소성plasticity'이라는 단어를 즐겨 씁니다. 사회 제도도 가소성을 갖는다는 것입니다. 플라스틱은 상온에서 고체로 있지만 다른 조건에서는 형태가 바뀝니다. 이 소재를 우리가 쓰는 다양한 물건의 형태로 만들려면 어떻게 해야 하죠? 온도를 높여야 합니다. 압력을 가해야 해요. 사회 제도도 마찬가지입니다.

웅거는 인간의 활동을 맥락 변혁적 활동revolution과 맥락 보존적 활동routine으로 크게 나눕니다. 앞엣것은 우리가 제도 자체를 전복하는 활동이고 뒤엣것은 그 맥락 자체를 유지하는 활동을 말합니다. 혁명과 일상의 격차를 줄이는 것이 인간의 실천 이성의 기본 목표라고 말해요. 일상적인 변화를 통해 점진적으로 큰 틀을 바꾸어야 한다는 것입니다. 꾹 참고 있다가 한 방에 뒤집는 게 아니지요.

그것을 바로 프로그램적 사고라고 합니다. 사람들이 일상적인 작은 변화는 무시하거나 시도하지도 않습니다. 항상 위기가 올 때만 바꿉니다. 그전까지는 징후가 보여도 아무 문제가 없다고 생각해요. 그러다가 많은 희생을 치른 다음 한 번에 바꾸려고 합니다. 프로그램적 사고는 이와 달리 '우리가 이 다음 단계에 이 제도를 어떻게 개선할 것인가.' 하는 질문을 하면서 점진주의적으로 바꿔나갑니다. 웅거는 프로그램적 사고를 "청사진이 아니라 시퀀스sequences이며 건축이 아니라 음악"으로 표현해요.

그렇다면 사람들은 로베르토 웅거의 이러한 사상을 어떻게 받아들일까요? 웅거는 스스로를 초자유주의자superliberalism라고도 하고 급진 민주주의자, 해방된 실용주의자라고도 합니다. 어느 하나의 틀로 규정되지 않는 측면이 있는데요. 경제적-사회적-정치적 다원주의자라는 말도 아마 이런 특징에서 나온 게 아닌가 싶습니다. 그의 구체적인 대안을 들어보면서 우리도 한번 생각해보는 게 좋을 듯합니다.

웅거는 현대 사회나 국가가 보통 사람들의 무한한 역량을 사장시키고 있다고 봅니다. 사람들에게서 변화를 추구할 동력을 빼앗으면서 현재의 제도에 만족하게끔 예속 상태로 만듭니다. 예를 들어 수정 자본주의복지국가가 부자에게 걷은 세금으로 가난한 사람을 지원합니다. 그런데 이러한 방식이 예속적 관계를 낳는다고 지적해요. 주체가 형성되는 데, 또는 주체로서 자존감에 심각한 문제를 야기한다고 봅니다. 대신 국가가 모든 사람이 스스로 자립할 수 있는 구조를 만들고 각자의 역량을 발전시키도록 기회를 주어야 한다고 주장합니다. 개인적 역량 강화와 민주주의 심화, 이 두 가지가 웅거의 정치 철학, 경제 철학의 신조입니다. 이 둘이 함께 있어야 해요. 이를 '공진화'라고 표현했습니다.

경제학에서의 분배는 뭐예요? 생산 시장에서 자기 역할을 통해서 받는 대가를 말합니다. 생산 활동이 한 순배 돌고 나면 국가가 세금을 거두어 부를 조정합니다. 이것은 재분배지요. 만약 국가가 나서서 모든 사람이 결과적으로 평등한 상태로 만든다면 그것은 공산주의라고 할 수 있겠지요. 이러한 방식은 창의성, 자존감, 효율, 정의 등에서 많은 문제를 야기할 것입니다. 또한 이러한 방식은 수많은 저항을 야기할 것입니다. 웅거는 재분배보다 분배에 초점을 맞춥니다. 즉 모든 사람이 생산 영역에서 자립성을 갖출 수 있는 노동과 수입을 확보해야 한다는 것입니다. 노동은 인간성을 실현하는 과정이고, 그 결과가 인간의 독립성을 확보해줄 수 있어야 하는 것이지요. 웅거는 그래서 임노동보다는 독립 상공인이나 협동조합과 같은 방식에 방점을 찍습니다. 생산수단에 대한 사유재산과 더불어 사회적 재산social property을 조성해야 한다고 강조합니다. 사회적 재산, 순환 사회기금, 시장권 등은 보통 가난한 사람들이 독립적 경제 주체가 될 수 있게 하는 장치라고 할 수 있습니다. 웅거의 혼합경제는 사유 재산과 사회적 재산이 시장에서 공존하고 서로 경쟁하는 상태를 말합니다.

보수파는 자유, 진보파는 평등을 추구한다고 말하는데 웅거는 이러한 이분법에 얽매이지 않아요. 모든 진보는 한 개인에서 시작한다고 봅니다. 보통 사람들이 모두가 다 위대하게 될 기회를 마련하는 게 중요하다는 겁니다. 그래서 웅거는 자신의 목표는 보통 사람들의 위대함이라고 말하지요. 종교적인 느낌도 나죠. 실제로 구약 요엘서 3장에 비슷한 구절이 나옵니다. 번역마다 다르기는 한데요. 대략 이렇습니다. "늙은이들은 꿈을 꾸고, 젊은이들은 환상을 보리다. 그날, 나는 남녀 종들에게도 나의 영을 부어주리라."

웅거는 『미래의 종교』에서 모든 인간이 다 영을 타고났기 때문에 특수한 신분의 사제들이 뭔가를 독점한 것처럼 보아서는 안 된다고 말합니다. 그러면서 프로테스탄트의 '만인사제주의' 정신이 종교적인 영역에서 그칠 게 아니라 세속적, 정치적 질서에서도 관철되어야 한다고 주장합니다.

웅거는 영spirit을 신비스러운 영이라고 종교적으로만 해석하지 않고, 구조를 초월하는 인간의 타고난 역량으로 이해합니다. "구조는 항상 인간에 비해 유한하고, 인간은 구조에 대해 무한하다." 이른바 구조주의, 포스트 구조주의의 전제를 한 번에 무너뜨립니다. 웅거는 구조를 얼개쯤으로 보지, 그것이 운명을 결정짓는 어떤 것으로 생각하지 않아요. 어떻게 보면 상당히 낙관적인 사고죠. 웅거가 자주 인용하는 "세상에 거하되 세상에 속하지 않는다"는 요한복음의 한 대목도 같은 맥락입니다.

## 법과 경제를 바꾸는 아이디어

웅거는 실천적인 법학자로서 여러 활동을 했는데요. 이를 제사장과 예언가라는 비유를 통해 설명합니다. 그는 『비판

법학 운동』에서 법률가의 직분을 두 종류로 나누어요. 하나는 제사장으로서의 법률가, 또 다른 하나는 예언가로서의 법률가예요. 제사장으로서의 법률가라는 것은 지배적인 법리 또는 국가의 수호자 역할을 말합니다. 사람들이 기성의 법리를 그대로 잘 지키게끔 '법의 사원'에서 제사를 지내는 사람이에요.

그렇다면 예언가로서의 법률가는 뭘까요? 다음 두 가지 소명을 인식하고 서로 연결하며 실천하는 법률가예요. 하나는 작은 소명이고, 다른 하나는 큰 소명입니다. 법이라는 틀 안에서 더 나은 대안적 해석을 찾아 관철시키는 것, 이것이 바로 작은 소명이에요. 큰 소명이란 기존의 법이라는 틀을 넘어서 더 나은 대안적 사회관계를 창조하는 것입니다. 예언가로서의 법률가는 바로 이 두 소명의 상호 관계를 혼동하지 않고 잘 구별하면서 적재적소에서 각각의 역할을 수행하는 사람입니다. 이것이 비단 법률가에게만 해당하는 것은 아니지요.

웅거는 법을 모순과 애매성, 다양성을 담지한 제도로 보았습니다. 그래서 법은 기득권자들의 이익만 적나라하게 반영하는 것이 아니라 패배한 자들의 목소리도 담고 있다는 것이지요. 그래서 우리가 바꾸려고 들면, 투쟁을 개시하면 법의

문이 열린다는 것이지요. 그래서 억압당한 해법이 점진적으로 그 영역의 지배적인 해법이 되고, 이 지배적인 해법들이 다른 영역에까지 파급 효과를 미쳐서 그전에는 억압당하고 소외됐던 것들을 중심으로 이동시키는 것이 법률가의 투쟁이라고 합니다.

웅거가 보기에 법이 보수적이라고 해서 비관할 일만은 아닌 거예요. 변화의 싹을 품고 있는 것, 그게 바로 법률 같은 제도의 본성이라는 것입니다. 제도의 가소성. 그래서 우리가 원하는 대로 새롭게 바꿔갈 수 있습니다. 이처럼 웅거는 결정론과 운명론에 반대해요. 이러한 사고는 인간관에도 고스란히 배어 있어요. 웅거가 보기에 모든 인간에게는 가능성이 내장되어 있습니다. 불교에서 모든 사람이 부처가 될 수 있다고 보듯이 말입니다.

인간은 잠재력을 개발시켜서 스스로 주체가 될 수 있어요. 그러려면 경제적인 자립이 필요합니다. 단순히 자본주의를 바꾼다고 해서 끝이 아니에요. 웅거에게 사회 구조 전체를 바꾸는 것과 인간의 역량 강화가 중첩되어 있어요. 그래서 이 중첩된 영역을 들여다보고, 개발하고, 발전시키는 기획이 중요합니다. 그렇다면 현실에는 어떤 가능성들이 존재하고 있을까요?

현대 법학의 흥미로운 발상들에서 그 실마리를 찾을 수도 있습니다. 우선, 하나는 '분산적인 재산' 관념입니다. 그동안 재산은 소유권과 연계해서 생각해왔잖아요. 이러한 재산관념을 '통일적인 재산' 관념이라고 합니다. 소유권은 소유권자가 마음대로 처분할 자유를 주목합니다. 웅거는 이에 맞서 '분산적 재산' 관념을 내세웁니다.

분산적 재산은 재산의 기능과 다양한 관계성을 주목하는 개념이에요. 예를 들어 부동산은 다양한 기능이 있고 여기서 임차인 같은 여러 이해 관계자가 생겨납니다. 소유주 혼자 마음대로 할 수 없어요. 이러한 관계들 또는 권리들의 묶음 bundle of relations으로서 재산 개념이 바로 분산적 재산입니다. 사실 옛날부터 널리 사용되던 개념입니다. 그러다 자본주의 사회가 도래하면서 소유권이 강조되었죠. 19세기 이래로 점차 금융화된 자본주의 아래서 처분하기 좋은 형태의 재산 제도가 발달하다 보니까 소유자가 마음대로 하는 권리 형태가 전횡을 부린 것입니다.

웅거는 통일적 재산을 분산적 재산으로 대체하자고 주장하지는 않습니다. 분산적 재산 개념을 복원하고 이해 관계자에 적절한 법적 보장을 해주는 틀로 활용하자고 제안합니다. 그럼으로써 개인적 소유가 아닌 사회적 소유가 현실에서 구현될 수 있다고 보는 거예요.

그 다음이 '관계적 계약'입니다. 예를 들어서 장사를 오래 하다 보면 고정적인 거래처가 생기잖아요. 음식점이라면 식자재를 납품하는 업체가 있을 거고요. 이들은 적절한 가격으로 주고받으면서 거래합니다. 변호사를 선임하는 것도 그렇습니다. 이러한 관계는 한 번에 끝나지 않죠. 우리가 백화점에서 물건 사는 것과는 다릅니다. 일회적 거래가 아니에요.

자본주의 사회 안에서도 이런 관계적 계약, 계속적 계약, 신인信認 관계에 입각한 계약들이 있습니다. 이런 계약들은 상호 신뢰를 바탕으로 합니다. 이처럼 자본주의 질서 내에서도 다양한 협력 관계가 가능해요. 협력적 경쟁이 중요한 곳에서는 분산적 재산과 관계적 계약이 중요하게 작동한다고 봅니다. 실제로 삼성의 휴대폰 생산에 관여하는 다양한 중소기업들과 삼성의 관계에서도 공정성, 상호 신뢰, 장기적 배려, 적정한 이윤의 보장과 같은 논리가 '관계적 계약'에 끼어듭니다. 법은 이러한 균형 및 통제 논리를 사람들의 거래 관계에 적절하게 반영해야 한다는 것입니다.

경제에 대한 웅거의 일반적인 견해를 한번 살펴볼까요?

웅거는 『지식 경제의 도래』에서 현대 경제의 세 가지 과제를 말합니다. 하나는 전위 부문과 후위 부문 간의 격차 해소예요. 전위 부분은 뭐예요? 돈과 지식이 모인 곳이라고 생각하면 이해가 쉽습니다. 자본과 네트워크가 집중되어 있지요. 우리는 보통 기술이 좋아서 전위라고 생각할 수 있지만 웅거의 생각은 독특합니다. 인간의 상상력에 가장 잘 부합하는 형태가 공장으로 구현돼 있다고 봐요. 그래서 전위 기업은 빼어난 학교와 같다고 봅니다.

그런데 이런 곳이 많지는 않죠. 웅거는 국민경제에서 보통 20% 정도가 전위 기업과 관련성을 가지면서 경제 활동을 하고 나머지 80%는 후위 부문에 있다고 말합니다. 후위 부문은 대량 생산 공장, 소규모 자영업, 소위 사양 산업을 통칭합니다. 웅거의 말은 이 두 집단 간 격차를 줄이자는 거예요. 후위 부문에 종사하는 사람들한테 이른바 자본신용, 기술교육 등이 제공되어야 한다고 봅니다. 그럼으로써 이들도 전위 부문으로 옮겨갈 수 있게 해야 한다는 것이지요. 양자의 격차를 그대로 인정하고 이쪽에서 세금 거둬 저쪽을 도와주는 방식이 아닙니다. 이런 식의 세금과 양도Tax and Transfer는 바로 보수화된 사민주의 정책이고, 신자유주의 정책이고, 소위 말하는 '인간의 얼굴을 한 자본주의', '따뜻한 자본주의' 같은 방식이에요.

두 번째는 노동 소득 분배율 제고입니다. 일하는 사람에게 더 많은 이윤을 배분하라는 거죠. 최저 임금을 올리는 것도 그중 한 방법입니다. 물론 생산성 한도 안에서 이루어져야 한다고 비판가들은 말합니다. 어쨌든 우리나라는 서유럽국가들보다 10% 정도 노동소득 분배율이 낮은 것이 현실입니다. 우리나라에는 없지만 '연대 임금 제도'라는 것도 있습니다. 산업 내에 비슷한 일을 하는 사람들이 임금 격차를 조정하는 방식이지요. 정규직과 비정규직으로 나뉜 우리의 경우 연대 임금 제도를 도입하면 임금 격차 해소에 도움이 되겠죠. 웅거는 노동자의 소득 분배율 제고를 이윤 및 지분을 공유하는 제도를 통해서 달성할 수 있어야 한다고 주장합니다.

세 번째가 '저축과 생산의 연계성 강화'입니다. 생산을 통해 얻은 이익이 생산으로 돌아가는 선순환을 이룩하자는 이야기입니다. 지금은 어때요. 투기 자본주의가 유행하면서 한 번에 큰돈을 벌고 이렇게 해서 벌어들인 돈이 또다시 투기판으로 유입되는 구조입니다. 이런 것들을 정상화해야 한다는 이야기입니다. 불로소득의 환수와 정상적인 투자 활동의 구분이 중요하겠지요. 아파트 투기 광풍은 국민적 수준에서 일어나는 '폰지 사기'와 같아 보입니다.

지금까지 웅거가 제시한 대안들을 몇 가지 살펴보았습니다. 끝으로 인권에 관한 그의 생각들을 살펴보도록 하겠습니다.

## 구조를 초월하는 존재로서의 인간과 인권

앞서도 말씀드렸지만 웅거에게 인간이란 육화된 영으로서 인간, 즉 구조를 초월하는 존재로서의 인간입니다. 그렇기에 인간은 개념상 고정불변의 구조, 운명으로서의 구조에 얽매여 있지 않아요. 그래서 우리가 인간답게 살려면 각자 가진 잠재 능력을 실현하는 한편 점진적으로 우리를 억압하는 구조를 바꿔나가야 해요. 경제적·기술적 진보와 개인의 역량 강화가 함께 이루어지는 겁니다. 이러한 인간관은 인권론의 총론이라고 할 수 있습니다. 기독교에서 말한 신의 모상으로서 인간관에 가깝습니다. 학자들은 웅거의 사상을 가톨릭에 기반을 둔 인격주의적-공동체적 인권론으로 파악합니다. 웅거의 시각은 집단주의적 사상과 자유주의적 인권고립적이고 자율적인 인간관과는 거리를 두고 있습니다. 여기서는 웅거의 특수한 정책적 권리 관념을 거론해보겠습니다. 그의 권리 체계는 다음의 네 가지입니다.

첫 번째가 면제권immunity right이에요. 면역권이라고도 하는데요. '공동체의 중요한 결정 과정에 제약 없이 참여하도록 재촉하는 수단'입니다. 우리가 어떤 사회적 의사결정에 참여할 때 자기주장을 해야 하잖아요. 시위도 하고 게시판에 의견도 표명해야 합니다. 그랬을 때 이것 때문에 처벌받지 않을 권리가 있어야 하겠지요. 예를 들어 우리나라 국회의원들에게 면책권이라는 게 있어서 자유롭게 정치적 견해를 밝힐 수 있듯이 말이에요. 고문과 폭력을 당하지 않을 권리, 심지어 최저임금, 기본소득이나 안식년 제도도 이러한 권리로 제시합니다.

두 번째는 시장권market right입니다. 보통 사람이 시장에서 경제 활동을 수행할 기회를 받는 권리입니다. 이러한 권리는 국부펀드와 같은 순환 사회기금이 사업 자금을 대주어야 하겠지요, 예컨대 영세 사업가에게 낮은 이자로 돈을 빌려준다든가 하는 것도 그중 하나입니다. 일종의 금융 민주주의라고 할 수 있겠죠. 국가가 통제하는 국민연금 같은 데서 유망한 중소기업에 투자하는 것도 해당되지요. 웅거는 순환사회기금, 사회자본을 조성하여 자본이 없는 사람들에게 기업 활동을 시도할 기회를 부여해야 한다는 점을 강조합니다.

세 번째는 탈안정화권destabilization right입니다. 타파권, 탈구축권이라고도 이름 붙일 수 있겠는데요. 사회가 극단적으로 위계화되어 있을 때 이를 타파할 권리를 말합니다. 노동자에게 불리한 현실로 인해 인권이 침해받지 않도록 나라에서 근로 감독관을 두는 것, 국가인권위원회에서 소수자를 보호하는 정책을 펼치는 것 등이 이를 보장하려는 노력이라고 할 수 있습니다. 사회 도처에서 관료제와 위계 질서가 작동하기 때문에 이러한 권리를 제도화하는 것이 필수적입니다.

마지막 네 번째는 연대권solidarity right이에요. 상호 신뢰를 요구할 권리입니다. 우리 법에서 신의성실의 원칙 등을 규정함으로써 상호 책임을 공정하게 묻는 것 등이 이러한 권리 보장과 관련이 있다고 할 수 있습니다. 연대권을 통해서 다양한 사회관계에 어울리는 적절한 권리 관계를 형성하자는 아이디어입니다. 거래 관계, 직장, 가정 등에서 이러한 권리를 생각해볼 수 있습니다.

웅거는 이러한 측면에서 정책적 권리를 거론합니다. 웅거는 『미래의 종교』에서 우리가 제도를 온전하게 구현하지 못하는 상황에서 의미 있는 열 가지 덕성을 세 그룹으로 나누어 제시합니다.

먼저 첫 번째 그룹이 '연결의 덕성'입니다. 이를 통해 자기중심성을 극복해야 한다고 주장해요. 여기에는 존중, 즉 상대도 나와 같이 자신의 역할을 초월하는 존재임을 인정하는 것과 관용, 즉 상대가 자기 견해를 표현하고 이익을 추구할 수 있도록 우리 자신을 통제하는 것이 있습니다. 그리고 공정, 타인을 자기에 예속시키지 않으면서 처우하는 것과 용기, 타자에 대한 자신의 취약성을 수용하려는 태도 등을 거론합니다.

두 번째 그룹은 '정화의 덕성'입니다. 웅거는 이를 우리 삶 속에 존재하는 죽음과의 싸움으로 설명해요. 여기에 속하는 덕성은 사소한 것에 몰두하지 않고 작은 우상 숭배에 사로잡히지 않는 단순함과 지상에 존재하는 모든 관념이나 제도를 통제 가능하도록 유연화하는 '열광'이라고 합니다. 또한 경청, 즉 어린아이처럼 세상의 소리에 귀 기울이는 덕성이라고 합니다.

마지막 세 번째 그룹은 '신성화의 덕성'입니다. 이는 우리를 오직 한 번만 죽도록 인도하는 덕성으로 설명해요. 삶에 대한 더 많은 참여와 결단으로 이끄는 믿음, 타인에 대한 개방성을 유지하는 사랑, 새로움에 관해 열려 있는 희망이라는 덕성을 말합니다.

웅거는 이러한 열 가지 덕성으로 관념, 행동을 바꾸고 나아가 세상의 제도를 형성해나가자고 주장합니다. 변화는 이러한 덕성을 추구할 때 시작된다는 거예요. 웅거의 권리 관념은 인간의 자력갱생, 독립을 이루기 위해 공동체와 국가의 재원과 역량이 투여되는 것과 밀접하게 관련되어 있습니다.

**청중:** 말씀을 듣다 보니 웅거의 사상이 불교적 세계관과 비슷하다는 생각이 들었습니다. 눈에 보이는 세상은 불완전하고, 그래서 자기가 주체가 돼서 세상의 변화에 기여해야 한다는 논리도 그렇고요.

**이재승:** 『미래의 종교』에서 불교에 관한 고찰이 나오기는 합니다. 소승 불교를 주로 언급하면서 불교적 세계관을 나름대로 비판하고 있습니다. 웅거는 저세상이나 내면의 심정보다는 사회의 변혁, 현실의 삶에 집중하기 때문에 현실 변혁에 대한 태도를 상실한 심정 종교나 특정한 현실 질서를 정답으로 간주하는 율법 종교를 모두 비판합니다.

**청중:** 웅거가 어떤 정해진 틀, 이데올로기에 얽매이는 것을 경계했다는 생각이 듭니다. 말씀하신 대로 그에게는 현실적으로 제도를 바꾸는 게 중요했으니까요. 그러나 이러한 태도가 이데올로기 자체가 가지는 힘을 간과한 건 아닐까요? 제도나 법으로는 볼 수 없는, 사회 현상과 인간의 행동을 설명할 수 있다고 보는데요. 웅거가 일부러 이데올로기의 문제에 천착하지 않은 것인지 아니면 과거 이데올로기를 핑계로 제도적·법적 개혁을 등한시한 사람들을 비판했던 건지 궁금합니다.

**이재승:** 웅거는 마르크스주의는 너무 무겁게 현실을 바라보고, 실증적 사회과학은 현실을 너무 가볍게 취급한다고 지적합니다. 너무 무겁다, 너무 가볍다는 바로 우리가 관찰하는 것 너머에 있는 어떤 것들에 관한 것이라고 생각합니다. 선생님께서 지적하신 이데올로기는 바로 그것이 아닐까 생각합니다. 웅거가 비판하는 것은 이데올로기 자체라기보다는 그 안에 있는 결정론적 세계관이었습니다. 반구조주의자인 웅거로서는 받아들이기 힘든 전제였어요.

웅거도 국면마다 이데올로기적 대립과 갈등은 피할 수 없다고 말합니다. 사회 변혁을 위해서 확장된 민중연합을 만들어야 한다는 점도 강조합니다. 그렇게 하지 못하면 정치의 승산이 없지요. 그러나 이데올로기에 입각한 최종적인 청사진에 얽매이지 말고 지금 할 수 있는 것을 단계적으로 실천해나가자, 현실에서 시작하여 현실의 경계를 넘어서 세상을 바꾸어나가자고 제안합니다. 웅거는 현실가가 되기 위해서는 예언가가 되어야 하고, 예언가가 되기 위해서는 현실가가 되어야 한다고 말합니다. 웅거는 이를 내재성과 초월의 변증법이라고 부릅니다. 결정론이 제시한 유토피아가 아니라 지금 우리가 만들 차이와 새로움이 더 중요하다고 말합니다.

# 인권을 말해야 할 때

제1판 제1쇄 발행일 2024년 8월 6일

글 _ 전진성, 오창익, 김종대, 김비환, 박홍규, 이재승
기획 _ 인권연대, 책도둑(박정훈, 박정식, 김민호)
디자인 _ 채홍디자인
펴낸이 _ 김은지
펴낸곳 _ 철수와영희
등록번호 _ 제319-2005-42호
주소 _ 서울시 마포구 월드컵로 65, 302호(망원동, 양경회관)
전화 _ 02) 332-0815
팩스 _ 02) 6003-1958
전자우편 _ chulsu815@hanmail.net



ISBN 979-11-7153-015-1 43300

철수와영희 출판사는 '어린이' 철수와 영희, '어른' 철수와 영희에게 도움 되는 책을 펴내기 위해 노력합니다.